Daniel Stosiek

Brasilianisches Tagebuch

www.tredition.de

© 2018 Daniel Stosiek

Verlag: tredition GmbH

ISBN:

978-3-7469-6923-7 Paperback)

978-3-7469-6924-4 (Hardcover)

978-3-7469-6925-1 (e-Book)

Bibliografische Information der Deutschen Nationalbibliothek:

Die Deutsche Nationalbibliothek verzeichnet diese Publikation in der Deutschen Nationalbibliografie; detaillierte bibliografische Daten sind im Internet über http://dnb.d-nb.de abrufbar.

Präludium in Bremen: aus den Monaten vor Brasilien

2014

4.4.

Wieder einmal fuhr ich mit dem Fahrrad von Bremen nach Cuxhaven. Den ganzen Tag schien die Sonne, früh war es kalt, es ging über Felder, an einem winzigen Bache entlang, danach am Deich neben der Wümme, darauf an der Lesum entlang, in welche die Wümme fließt, später an der Weser, in welche die Lesum fließt. Auf die Weser stieß ich in Vegesack, da lagen große Segelschiffe, der Fluss wurde langsam immer breiter, hatte etwas Unendliches an sich, die Unendlichkeit wurde immer unendlicher, bis ich in den Hafen von Bremerhaven hineinfuhr; aber erst nach dem Durchqueren des Industriehafens stieß ich auf das offene Meer, wo das Unendliche unabsehbar ist, auch wenn ich am Rande der Unendlichkeit ein paar Meter schwamm. Zwischendurch machte ich Ess-, Trink- und Lesepausen. Und zwischen den Pausen dachte ich nach, z.B. über den veganischen Gedanken und das Reich Gottes und warum die Kommunisten so schlimm sind. Der veganische Gedanke, an dem man sich moralisch noch höher ranken kann als am vegetarischen, ist als Gedanke großartig. Er stammt aus der Liebe zum Leben, zu allen Lebewesen. Man kann jedoch auch leicht zum Fanatiker werden, weil man glaubt, mit einem bestimmten Rezept die Welt erlösen zu können, dann macht mans wie Robespierre oder wie diejenigen Kommunisten, die zum Stalinismus übergingen, oder wie die Hussiten, als sie gewalttätig wurden. Eine Alternative zum Fanatismus ist die gleichgültige Resignation und die Einstellung, dass Werte, Ethiken, die Bemühung um Gerechtigkeit überhaupt keinen Sinn haben, da die

Welt nun mal so ist, wie sie ist. Der Sündenfall ist ja eigentlich die Heterotrophie. Schon die Amöben, die sich von Bakterien ernähren, mögen herablassend auf sie herabschauen und sich für etwas Besseres halten, so wie die Intellektuellen, die nach Bourdieu zur herrschenden Klasse gehören, auf die Bauarbeiter, von deren Ausbeutung sie leben...

An der Nordsee aß ich in einer Bude trotz der unendlichen Weite des Meeres einen Fisch, ohne mich bei ihm extra zu bedanken. Mit der letzten Sonne, die sich rötlich im Meer spiegelte, erreichte ich den Zug, der mich durch nächtliche Wälder wieder nach Bremen zurückbrachte.

28.5.

Heute gab ich eine Stunde Nachhilfeunterricht in einer mir neuen Einrichtung in Bremen. Die Koordinatorin berichtete mir vor Beginn der Stunde kurz über die Schüler, u.a. über eine S., die bald Abitur mache, aber in Deutsch ein Niveau von der ersten Klasse habe und wahrscheinlich nichts schaffen werde. Als sie sich gerade besonders abwertend äußerte, kam S. zur Türe herein, mit schwarzer Hautfarbe, da ging mir gleich ein Licht auf, und da sagte die Koordinatorin schnell: ich nehme alles zurück, und setzte in offiziellerem Ton fort: das ist die Schülerin S. aus Klasse .... usw. Es waren 5 Schüler mit Englisch, Spanisch und Deutsch, jeweils unterschiedlichen Aufgaben, die ich simultan betreuen musste. Die Zeit reichte nicht aus, um alle ausreichend zu unterstützen. Zwischendurch machte ich in einem anderen Zimmer Kopien, während die Koordinatorin gerade in einem Gespräch mit Mutter und Tochter (einer Schülerin, die mit Nachhilfe anfangen wollte), mit erhobenem Zeigefinger sprach und mich an alte Schulzeiten erinnerte. Die Schülerin S. sieht afrikanisch aus, spricht aber akzentfrei Deutsch. Bestimmt kommen ihre Elten aus einem anderen Land (Brasilien?, da sie besonders emotional darauf reagierte, dass ich in Brasilien gelebt habe), es gibt eine lange Geschichte der Sklaverei und des Unrechts, und in Deutschland werden sie nicht unter den leichtesten Bedingungen gelebt und ihrem Kind nicht das beste Deutsch beigebracht haben. Ich muss solidarisch mit den Menschen sein, d.h. hier mit den Schülern und nicht mit der Institution und deren Vertretern, sobald diese beginnen, auszugrenzen. S. war sehr aufgeschlossen und ich versuchte ihr größere Zusammenhänge bezüglich des Themas verständlich zu machen, an dem sie arbeitete. Immer mehr lerne ich, dass Menschen sich vor allem durch emotionale Bestätigung geistig entwickeln.

15.6.

Meine besten Bewerbungen sind trotz der großen Entfernung auf Brasilien bezogen. Ich habe so ein schönes Projekt erarbeitet, bekomme ein glänzendes Empfehlungsschreiben und bin doch immer wieder abgelehnt worden.

Am letzten Samstag, machte ich eine lange Fahrradfahrt, an der Weser entlang, dann zur Nordsee, um die Halbinsel Butjadingen herum, wo schon vor über 2000 Jahren Menschen lebten und sich Wurten, künstliche Erderhöhungen für die Häuer bauten, die aber immer wieder durch Sturmfluten zerstört worden waren. Nördlich von Nordenham kam ich an einem Flugplatz vorüber und flog einmal mit einem Segelflugzeug mit, der Pilot saß vor mir, wir wurden mit einer unheimlichen Beschleunigung in wenigen Sekunden auf über 300 Meter Höhe gerissen, dann war es ein gemütliches Fliegen, bei dem ich die ganze Halbinsel sah und auch eine kleine Kirche, die 1000 Jahre alt sein soll; es ging schnell bergab, weil es keine Aufwinde gab, dann fuhr ich weiter mit dem Fahrrad, lag einmal unter einem Baum, über dem ich zuvor geflogen war, badete im Meer, als die Flut kam und fuhr das letzte Stück im Dämmerlicht über Land – ohne Strand diesmal, weil die Halbinsel sich weigerte, eine ganze Insel zu werden.

9.11.

Heute beim "Stolpersteineputzen" spielte ich Flöte und hörten wir schreckliche Geschichten. Eigentlich müsste man schreiend durch die Straßen laufen, aber die städtische Kultur hat uns die Gefühle, Gebärden und den lauten Ausdruck ausgetrieben und damit genau dieselbe Ideologie eingetrichtert, mit welcher die 17-jährige "Zigeunerin", ... Franz, mit dem Vorwurf von "Triebhaftigkeit" zuerst zwangssterilisiert, dann in eine "Irrenanstalt", dann in andere Lager gebracht und ermordet wurde.

11.11.

Am 9. November wurde Großdeutschland gefeiert, aber wenig der Juden gedacht. Hätten deutsche Faschisten nicht die Juden Europas ermordet, dann wäre womöglich der Staat Israel nicht gegründet worden, und das wäre für alle Beteiligten besser gewesen, für die Juden, die Palästinenser, die Deutschen, die Polen usw. Heute möchte Deutschland bis an die Grenze Russlands vordringen, was schon Hitler wollte, wenn auch auf andere Weise.

Die Wiedervereinigung, die ebenfalls in einem *Nationalstaat* die Lösung der Probleme ansetzte, könnte man am besten mit dem Märchen "Des Kaisers neue Kleider" vergleichen. Von Anfang an bis jetzt bewundert alle Welt die wunderbaren Kleider, und man traut sich nicht zu sagen "er ist ja nackt!". Weder die Deutschen noch die Juden haben etwas vom Staat, und deren Opfer erst recht nicht. Der Staat Israel wird sich als falscher Messias erweisen, etwa in diese Richtung gehen die befreienden Worte Micha Brumliks, den ich neulich hörte, und der den Staat Israel radikal in Frage stellte, aber so philosophisch, dass er nicht sofort verstanden wird. Und Deutschland entwickelt sich zur wirtschaftlichen, finanziellen und immer mehr auch militärischen Supermacht.

In Wirklichkeit *schafft* der Nationalstaat ein Problem, weil er die Nation, d.h. eine homogene Gesellschaft, mit dem Staat identifiziert und damit immer die Nichthomogenen ausgrenzt, hier die Ostler und Westler wechselseitig, da solche Differenzierung nicht ins Konzept der Nation passt, erst recht die Migranten, dort die Palästinenser und andere Gruppen.

12.11.

Heute hörte ich einen Vortrag von Mithri Raheb, einem palästinensischen Befreiungstheologen. Er sagt, dass Palästina, wenn man die Geschichte in ganz großen Zeiträumen betrachtet, schon immer ein besetztes Land war, früher durch die Assyrer, durch Neubabylonien, Persien, hellenistische Reiche, das Römische Reich, später durch das osmanische Reich, Großbritannien und heute Israel. Er spricht vom Imperium heute in Analogie zum Imperium damals, dem Römischen Reich, das in der Apokalypse mit "Babylon" chiffriert wurde. Die Israelis und Palästinenser für sich allein genommen hätten längst das Problem miteinander gelöst; aber die internationale Gemeinschaft subventioniere die Besatzung, z.B. mit deutschen U-Booten. Israel allein könne die Besatzung gar nicht bezahlen. Er habe Westerwelle einmal gefragt, warum Deutschland sich nicht für die Anerkennung des palästinensischen Staates ausspreche, obwohl Deutschland offiziell die Zwei-Staaten-Lösung vertrete, da habe dieser nicht zu antworten gewusst, dann aber gesagt, dass Deutschland und Israel gemeinsame Werte vertrete. Welche Werte? Eben die des Imperiums, so deutet MR die Worte Westerwelles. Mir fiel auf, dass MR keinen Unterschied zwischen den Menschen hinsichtlich Nation oder Religion machte. Das gefällt mir sehr. Dann sagte er, dass die Menschen in Gaza fragen, "Wo ist Gott", und dieselbe Frage auch in die Form "wo ist die internationale Gemeinschaft" bringen. Er erzählte, wie er einmal an einem militärischen Grenzübergang (Checkpoint) lange wartem musste, und wie eine Frau ausrief, "wo ist Allah?". Und dass die Palästinenser darauf eine Antwort geben, die nur sie geben können: sie sehen Gott in der Asche. Das sei eine ähnliche "Torheit" wie diejenige, als einst Menschen Gott in Jesus am Kreuz sahen. Er zitierte Romero, der gesagt haben soll, es gebe Dinge, die nur Augen sehen können, die geweint haben. Das Reich Gottes müsse man verstehen als Gegenmodell zum Imperium (damit meine er nicht die konkreten Menschen, sondern das System, das übel ist). Man müsse Räume der Hoffnung bauen. Er sprach von Jesaja und dem Löwen, der neben dem Lamm Gras frisst, wobei der vegetarische Löwe für die unvorstellbare Möglichkeit stehe, dass das bisherige Imperium nicht mehr auf militärische Stärke vertraue, und er schloss seinen Vortrag mit den Worten "Wir brauchen prophetic imagination, um überhaupt überleben zu können."

23.11.

Die Musik folgt genau den Prinzipien der Selbstorganisation der Materie, besonders die polyphone von Leuten wie Bach. Ein Musikstück ist ein Chronotopos, das heißt bei jeder Aufführung geschieht eine je einmalige Raum-Zeit-Einheit. Jeder Augenblick ist fließende Gegenwart, eine Gegenwart, in der die Erinnerung an das Vergangene mitschwingt und zugleich die unmittelbar bevorstehende Zukunft antizipiert wird, etwa bei der Vorfreude kurz vor der Auflösung einer Dissonanz. Jede Stimme bei der Polyphonie hat ihre eigene Subjektivität, ihr eigenes Ich. Die jeweilige andere Stimme ist ihr ein Du. Wenn mehrere zusammenklingen, dann entsteht eine neue, überindividuelle Subjektivität auf der je höheren, sozialen Dimension des Zusammenhangs. Deshalb ist die polyphone Musik so überwältigend.

2015

15.3.

"Und ich will nicht halb sein, ich will ganz sein."

Paula Becker an Otto Modersohn, 1900

"Schlagen Sie Ihre Seele nicht in Ketten, und wären es güldene, die gar lieblich sängen und klängen."

Paula Modersohn-Becker an Clara Westhoff, 1901

Spuren

Vor ein paar Tagen fuhr ich mit dem Fahrrad von Bremen nach Worpswede. Ich fand Wege, bei denen ich die großen Straßen vermeiden konnte. Außerdem hatte ich keine Lust, in das volle Touristendorf zu kommen, sondern wollte vor meiner Brasilienreise auf den Spuren von Künstlern wie *Heinrich Vogeler, Paula Modersohn Becker, Rainer Maria Rilke*, die im Gemeinschaftshaus *Barkenhof*, gelebt hatten bzw. damit assoziiert gewesen waren, wandeln. An der hinteren Seite des Weyerberges ließ ich das Fahrrad stehen und ging durch den Vorfrühlingswald, an Wiesen vorbei, auf den Berg, kam am Niedersachsenstein des Worpsweder und Bremer Architekten *Bernhard Hoetger* vorbei und näherte mich dem höchsten Punkt, der durch Zäune abgesperrt war. Das war mir genug, ich kehrte um und fuhr nach Hause. – Vogeler war einer, der von dem träumte, was einmal sein wird, wie Rilke formuliert. Zuerst zeichnete er geheimnisvolle Märchen. Dann ging er wie auch *Hans am Ende*, ein anderer der Worpsweder Maler, freiwillig in den ersten Weltkrieg. Er hatte Glück, dass er dies überlebte – im Gegensatz zu Hans am Ende. Er war kritisch geworden, wurde Pazifist und Kommunist. Als Vogeler um 1900 noch der jüngste unter den

Worpsweder Malern war, kannten dieser Künstler persönlich den alten Dichter *Hermann Allmers*. Dieser wiederum hatte, als er jung war, noch den Bremer Pastor *Rudolph Dulon* gekannt, der um 1848 heftig die Kirche für die Obrigkeitshörigkeit kritisiert und an einen Sozialismus geglaubt hatte, der graswurzelartig von unten wachsen würde. Hatte Dulon einen indirekten Einfluss auf Vogeler? Jedenfalls verknüpfte dieser eine Zeit lang den Sozialismus mit dem Christentum. Und er war Romantiker wie alle Worpsweder. Nachdem 1919 die Bremer Räterepublik niedergeschlagen worden war, an der sich sein Barkenhof auch beteiligt hatte, machte er aus dem Barkenhof eine Kommune, um eine Art Kommunismus im Kleinen zu verwirklichen. Das ging nicht sehr lange gut... Auch diese Kommune war Romantik gewesen, die Beteiligten hatten den Traum von einem natürlichen, einfachen und sozial gerechten Leben geträumt. Später verschlug es ihn in die Sowjetunion, einer großen Räterepublik, wie es schien. Doch dort verlor Vogeler offenbar seine Kritikfähigkeit.

Dass viele Linke der Romantik gegenüber skeptisch sind, hat mich eine Zeit lang ihr gegenüber entfremdet. Keiner der Worpsweder Künstler ist von einer solchen Intensität und Lebendigkeit der Gefühle, des Ausdrucks, der Reflexion wie Paula Modersohn Becker in ihren Tagebüchern und Briefen. Es ist manchmal gut, geschichtlich zurückzugehen und an verlorenen Punkten anzuknüpfen.

Ich suche in Lateinamerika bei indigenen Völkern nach einem Zustand vor aller Kolonialisierung, der auch bei uns noch immer in Spuren vorhanden ist.

Brasilien

1.4.

Am letzten Tag in Deutschland konnte ich trotz wolkenlosen Himmels am Vormittag die Sonne nur verdunkelt sehen, weil der Mond exakt davor schwebte, dann ging der Flug nach Barcelona; kurz vor dem Flughafen glitten wir mit geringem Abstand über das Meer, in das wir zum Glück nicht hineinfielen. Dann nahm ich an einer Woche des Trainings und der "Selección" für ein Jahr der Friedensarbeit in Mexiko teil, bestand die Selektion aber nicht. Sonntag nachmittag bis Dienstag mittag blieb mir, um mich von der Enttäuschung zu erholen. Am Dienstag vormittag spazierte ich bei hellem Sonnenschein zum katalanischen Nationalmuseum und schaute mir die Gemäldegalerie an. Da waren Bilder von Canaletto; Tizian; ein Porträt von Petrus und Paulus gemalt von "El Greco", dem "Griechen", der in Spanien malte, an dem mir die wundervollen "Renaissance-" Hände auffielen, die mich an Michelangelo erinnerten; auch Bilder aus dem 19. und 20. Jahrhundert; ein gegossener Kopf von Rodin, der unglaublich ist; und viele Bilder blühender Farben und des Lichts. Wenn ich eine Zeit lang meine bewusste Aufmerksamkeit nicht auf die alltäglichen Notwendigkeiten, sondern auf etwas "Überflüssiges", die Kunst, richte, dann ist das wie eine Erlösung aus dem Elend der Straßen und der schlechten Luft der Stadt.

Der nächste Flug brachte mich in kürzester Zeit nach Brasilien. Mich holte ein Mitarbeiter von *Aramitan* ab, der Organisation, wo ich nun mitarbeiten will, die sich in einem Prozess des Neuaufbaus der Arbeit befindet, und brachte mich gleich dorthin. Der Weg war lang; wir stiegen viermal von einer U-Bahn in die andere um. Die Bahnen waren zum Teil gerammelt voll, so dass wir fast zerquetscht wurden. Dann folgte ein Weg in einem Bus, der durch arme Gegenden ratterte und mit dem wir nach über einer Stunde am Ziel ankamen. Aramitan ist ein größeres Haus in einer ländlichen Gegend, in dem schon viele Aktivitäten, besonders mit Jugendlichen der Umgebung, stattgefunden haben.

2.4.

Früh starteten wir zu einer Familie in Monte Azul, einer Favela, in welchem sich ein gleichnamiges soziales Projekt befindet, wo sehr viele kulturelle Aktivitäten stattfinden. Der Mitarbeiter von Aramitan, der mich mitnahm, war daran beteiligt, auf dem Dach eines Hauses einen Wasserspeicher zum Funktionieren zu bringen. Wasser aus der Leitung gibt es hier etwa von 9 Uhr früh bis 18 Uhr am Abend. Ich half teils mit und schaute mir teils den Stadtteil an. Die Häuser sind sehr eng aneinander gebaut. Die Favelas begannen mit dem Ende der Sklaverei in Brasilien. Hier kommen viele Leute hin, die arm sind, es macht mir keinen Eindruck des Elends, aber das Leben ist offenbar arm und einfach, auch gibt es viel Drogenhandel.

Bei den langen Busfahrten fielen mir die Bilder in Auge, Nase und Ohren: die unzähligen Leute auf der Straße, die vielen kleinen Verkaufsstände, Gerüche nach gebratenem Essen, der Geruch nach verbranntem Müll, der mich an Palästina erinnerte, die einfachen, lumpigen Häuser, die aus Betonwänden und Wellblechdächern gemacht sind, in der Favela die laut lachenden und spielenden Kinder – eine Welt, in der meine Schmerzgrenze niedriger und die Haut dünner wird...

Wieder einmal bewegt sich plötzlich die Sonne in die andere Richtung als ich es gewohnt bin (nach links statt nach rechts), dreht sich die Erde in die falsche Richtung (jedenfalls vom Drehsinnstandpunkt Europas aus betrachtet), und ich werde demnächst das Kreuz des Südens anstatt des großen Wagens betrachten. Während es in Europa den "Süden im Norden" gibt, die unsichtbare Armut, die nicht nur im geographischen Süden existiert, ist auch das hier nun umgekehrt, es gibt einen "Norden im Süden", so die Reklame großer Firmen, die überall billig eindringt, aber auch Dinge wie das moderne Auto, wofür manche Menschen Kredit aufnehmen und Jahre daran arbeiten, um diesen Kredit abzuarbeiten, also ein Stück "Norden", der im "Süden" teuer bezahlt wird.

Das war mein zweiter Tag in Brasilien, und jetzt muss ich schlafen.

4.4.

Am Karsamstag spielte ich in einer offenen Runde von Musizierenden in São Paulo mit meiner Querflöte *Chorinho* mit. Das ist brasilianische Volksmusik, die in ihrer Komplexität europäischer klassischer Musik entspricht, aber etwas ganz eigenes ist. Anderthalb Jahre zuvor hatte ich bereits ein paar Stücke dieser Musik in derselben Gruppe mitgespielt, hatte aber dann zum Flughafen gemusst. Die darauf folgenden knapp zwei Jahre habe ich mit der Sehnsucht gelebt. Es ist also möglich, mit einer unerfüllten Sehnsucht über längere Zeit zu leben, ohne dass sie versiegt. Diese Art von Musik gehört zu den besten Dingen, die ich in dieser Welt und in diesem Leben kennengelernt habe.

5.4.

Hund

Früh machte ich einen Dauerlauf durch die Straßen bei der Organisation; es gibt viele Straßenhunde, und einer von ihnen biss mich. Von nun an bin ich vorsichtiger und werde mich verteidigen, notfalls mit Steinen.

1.5.

Schwingungen

An einem Abend lud mich jemand zu einem Samba-Abend ein. Es war eine Verbindung aus Gesang und Rhythmus. Ich konzentrierte mich sehr darauf, dem Rhythmus zu folgen. Den anderen Zuhörenden war der Rhythmus selbstverständlich. Nur langsam komme ich in die Rhythmen einer anderen Welt hinein, in die Wellen, in denen die anderen schon lange leben. Daran merke ich, dass die Geschichte schon vor meiner Geburt begonnen hat.

Ende Mai

Seit ich in Brasilien bin, fahre ich eine Strecke mit einem Bus, die eine Stunde durch teilweise besiedeltes Land geht. Ich kenne die Gegend allmählich, verfehle aber immer noch die Stelle, wo ich aussteigen muss. Neulich verpasste ich, als ich gegen Mitternacht nach Aramitan zurückkehrte, diesen Punkt und fuhr zu weit. Zum Glück kannte ich bereits den Weg, der zu Fuß auf einer Eisenbahnlinie entlang geht. Da ich schon ungeduldig wurde, rannte ich das ganze Stück. Immer wenn nicht genug Steine zwischen den Bohlen lagen, musste ich aufpassen. Ich lief so, dass ich mit den Füßen jede zweite Bohle berührte. Auch hier stellte ich mich auf die neue Umgebung ein: wenn ich genau die richtige Frequenz, den passenden Rhytmus treffe, dann stolpere ich nicht, und mich beißen auch keine Hunde mehr.

Kühlschrank

Wir haben hier einen Kühlschrank, der schön ist und groß. Aber er hat auch gewisse Nachteile. Der eine Nachteil besteht darin, dass er nicht kühlt. Der zweite Nachteil ist der, dass die Lebensmittel im Kühlschrank schneller schlecht werden als draußen, weil sich darin der Schimmel ausgebreitet hat. Aber immerhin haben wir einen Kühlschrank.

Samba und Choro

Der Unterschied zwischen Samba und Choro (Chorinho) lässt sich anhand des Meeres erläutern. Samba entspricht Stellen, wo das Meer flach ist, eher in Küstennähe; und Choro entspricht Stellen, wo das Meer am tiefsten ist und nicht ausgelotet werden kann; aber es ist dasselbe Meer, und die Oberflächen sind kaum zu unterscheiden.

Fluss, Kreislauf und schöne Natur

Initiiert von der Organisation "SOS Mata Atlântica" führen verschiedene kleine Gruppen in lokalen Gewässern der Umgebung von São Paulo Analysen des Wassers durch. In diesem Rahmen kam ich zweimal mit zu den Flussgängen. Wir schlendern im Sonnenschein an den kleinen lumpigen Steinhütten vorüber, an bellenden Hunden, einfach gekleideten, zerfurchten Menschen, an Hauseingängen, wo laute Musik zu hören ist, an kleinen Pfützen und Müllplätzen, bis zum Bach, der sich durch feuchte Wiesen windet. Überall, wo schöne liebliche Natur durch die zerbaute Landschaft blickt, ist sie gleichmäßig von Müll bedeckt: Plastebeutel, Dosen und Büchsen und zwischendurch immer wieder Hundesch. sind überall zu sehen. Ich muss also aufpassen, wo ich hintrete und kann nicht sorglos in die Ferne schauen.

Am Bach führen wir die Analysen durch, teils mit Hilfe einiger Reagenzgläser und chemischen Proben und teils mit Beobachtungen, beispielsweise ob Fische zu sehen sind. Da sehen wir tatsächlich Schwärme ganz kleiner Fische. Die Wasserqualität macht auf den ersten Blick einen ganz guten Eindruck. Als wir schon fast den Rückweg antreten, lädt uns ein alter Bewohner, der auf der anderen Straßenseite wohnt, der einen winzigen Laden hat, einen Hut auf dem Kopfe trägt und aus dem Norden Brasiliens stammt, in sein Grundstück ein. Neben der einfachen Hütte betreten wir staubige Erde; daneben besteht der Garten aus einer Art kleinem Urwald. Er führt uns zwischen den Bäumen und durch etwas morastige Erde bis zu einer Stelle, wo es stinkt. Der Bach, an dem wir eben waren, fließt, nachdem er die Stelle passierte, wo wir ihn analysierten, hier durch sein Gelände. Ein dickes Rohr, welches das Abwasser nahegelegener, erst neulich gebauter Hochhäuser abtransportiert, geht ebenfalls durch seinen Garten. Auf diesem Rohr befindet sich eine Art großer Stöpsel. Dieser Stöpsel ist nicht geschlossen, wie man erwarten sollte, sondern geöffnet. Der Mann öffnet mit einem Stock den Stöpsel vollends. Da sieht man das Abwasser, die Jauche, den stinkenden Dreck, wie er in das schöne Bächlein rinnt. Dieser Bach seinerseits fließt, wie uns jemand erklärt, in einen kleinen Fluss, der wiederum in einen größeren Fluss, letzterer in einen anderen Fluss, aus dem schließlich das Trinkwasser gewonnen wird. Das ist der Kreislauf, der Fluss, die schöne Natur.

20.6.

Als Kind konnte ich längere Zeit links und rechts nicht voneinander unterscheiden. Und jetzt gibt es eine U-Bahn-Station, wo ich manchmal rechts und links verwechsle, nicht mehr weiß, auf welcher Seite ich aussteigen muss, nur noch mir sicher bin, dass es auf jeden Fall eine der beiden Seiten sein muss. Das ist ja auch kein Wunder, nicht nur, weil ich mal von der einen, mal von der anderen Seite an der Stelle ankomme, sondern auch, weil der Drehsinn der Erde auf der Südhalbkugel im Vergleich zum Norden der Erde umgekehrt ist. Nicht nur der Erde: der Drehsinn des gesamten Sonnensystems, der Drehung der Erde um die Sonne, der Drehung des Mondes und der Planeten ist aus meiner Südperspektive umgekehrt. Ob es noch weiter geht in Bezug auf die Galaxie usw., weiß ich nicht, dazu fehlen mir die astronomischen Kenntnisse. Aber auch andere Dinge sind hier "unten" andersherum, z.B. dass ich mich nicht unten, sondern oben fühle. Auch der Humor ist umgekehrt: gern lacht man im globalen Norden, weil man im (angeblich) Wahren das Falsche sucht und u.U. findet, z.B. in der Bibel, in der Demokratie, in der Politik. Im Süden dagegen lacht man gern aus dem umgekehrten Grunde, weil man im (angeblich) Falschen das Wahre sucht und u.U. auch findet: im Müll das Leben, in der Favela die Freude, in der Peripherie die Begegnung. Im Norden vermutet man hinter einer perfekten Fassade das Fehlerhafte, und im Süden sucht man hinter einer elenden oder fehlerhaften Fassade das Schöne und Sympatische. Sogar das Lachen ist hier umgekehrt!

Paraguay

Am 28.6. fuhr ich nach Paraguay, einem Land, von dem ich so gut wie nichts wusste, außer dass es dort früher Jesuitenstaaten gab und dass heute die indigene Sprache Guarani neben Spanisch eine offiziell anerkannte Sprache ist. Der Anlass für die Reise war der, dass ich von Europa aus nicht nach Brasilien hätte fliegen dürfen ohne nachzuweisen, dass ich nach drei Monaten Brasilien verlasse. Und Paraguay ist von São Paulo aus das naheste Ausland zu Brasilien. Ich hatte nur den Hinflug gekauft. Gegen Mitternacht kam ich in Asunción, der Hauptstadt, an. Den Rest der Nacht wartete ich im Flughafen, um am andern Morgen mit öffentlichen Verkehrsmitteln in die Stadt fahren und eine Unterkunft finden zu können. Zum Lesen war ich zu müde. Eine Weile unterhielt ich mich mit einem Mann, der in einem Café arbeitet, und der mir viel über das Land, die Kultur und die Sprache erzählte, sogar Einzelheiten, wie man in der Sprache Guarani das y ausspricht, nämlich anders als ein i. Manche Leute liefen mit einem Becher Mate und dem Trinkstiel herum, welcher dem Mundstück einer Tabakspfeife ähnelt. Diese stilvolle Art kenne ich von Argentinien. Ein Wachtmeister ging auf und ab, stockernst im Gesicht und mit einer geschmückten, verzierten Uniform, die mich ans Theater erinnerte.

Wieder muss ich mich an ein anderes Geld gewöhnen, diesmal mit einer 1000 drangehängt (wie früher beim polnischen Zloty) und mich in vielen Details umgewöhnen und neulernen.

Selbst hier übe ich Choro, um am nächsten Samstag neugelernte Stücke spielen zu können...

Mit einem kleinen Bus fahre ich am Abend durch die Straßen, draußen ist es warm, der Bus rattert, ist einfach und mit farbigen Tüchern geschmückt. Dies erinnert mich an Bolivien, etwas auch an Mexiko. Am Straßenrand stehen dicht gedrängt Massen an Verkaufsbuden. Paraguay zeigt das Gesicht, das Brasilien verbirgt: die Guarani-Kultur. Im 18. Jahrhundert verbat der portugiesische, rationalistische und absolutistische Politiker Pombal den Gebrauch der indigenen Sprache, die sich aus dem Tupi-Guarani entwickelt hatte und bis dahin in Brasilien die allgemein verwendete Sprache war. Jetzt sollten alle Portugiesisch reden. Im späten 19. Jahrhundert holte man viele Europäer ins südöstliche Brasilien, um es zu europäisieren. Nun offenbart Paraguay viel von auch brasilianischer, dort gleichsam unterirdischer Kultur. Jenseits der Modernitätsideologie, welche die Straßen und Häuser lackieren will, bricht eine ganz andere Schönheit auf.

Ich hatte mir zwei bis drei Tage für Asunción eingeplant, kaufte eine Rückfahrkarte für eine Busfahrt, mit der ich in der Mitte des Weges einen Tag Zeit hätte, die Wasserfälle des Iguazú, auf Guarani eigentlich Y-Guasu ("großes Wasser", wobei das "y", das weder i noch ü ist, Wasser bedeutet und "guasu" groß heißt), zu besichtigen, was ich erst eigentlich gar nicht wollte, dann aber doch tat, zum einen weil es direkt auf dem Wege lag, zum andern weil alle, mit denen ich sprach, meinten, dass ich diese Wasserfälle unbedingt sehen oder vielmehr gesehen *haben* müsste. Ich hätte es nicht tun sollen.

Aber erst einmal befand ich mich in Asunción, und die drei Tage, die ich da verbrachte, war ich erkältet. Zum Schluss, als ich wieder zu Kräften gekommen war, stellte ich fest, in welche Museen ich hätte gehen sollen bzw. gewollt hätte, wenn ich noch Zeit gehabt hätte. In der Guarani-Sprache könnte ich das besser ausdrücken, da es dort neben verschiedenen Optativen, Imperativen und vielen anderen Modi auch einen Frustrativ gibt. Das Beste, was ich aus Paraguay mitnahm, sind Guarani-Lehrbücher. Und ich verstand etwas mehr von der Geschichte. Paraguay war nach der Unabhängigkeit Lateinamerikas von den Kolonialmächten das einzige Land, das sich zunächst auch wirtschaftlich autonom und sogar florierend entwickelte, während in allen anderen Gebieten des Doppelkontinents Europa, v.a. England, zunehmend billige Rohstoffe und landwirtschaftliche Rohprodukte kaufte und den Markt für die Produkte der sich schnell entwickelnden Industrie vergrößerte. Nur Paraguay verwirklichte eine alternative Entwicklung, eine Art Sozialismus, der in den indigenen und jesuitischen Traditionen wurzelte. Es war auch eine Diktatur, aber das waren die anderen Staaten ebenfalls, wie z.B. Brasilien, wo nicht nur ein Kaiser herrschte, sondern die Sklaverei offiziell bis 1888 fortbestand. In Paraguay führte man eine Landreform durch, überwand bis 1840 den Analphabetismus, entwickelte mit Hilfe ausländischer Spezialisten eine eigene Industrie, die dennoch nicht von fremdem Kapital abhängig war. Es baute sogar eine eigene Eisenbahn. Paraguay prosperierte, ohne den spezifisch englischen Wirtschaftsinteressen zu nützen, war sozusagen ein Kuchen, der sich nicht essen ließ. Das änderte sich erst mit dem "Tripelalianzkrieg" 1865-70, den Brasilien, Argentinien und Uruguay mit Unterstützung englischen Kapitals führten, der Brasilien in eine Verschuldungskrise führte und drei Viertel der Bevölkerung Paraguays ermordete. Das waren eine Million Menschen. Danach wurden Ländereien und viele Bereiche der Wirtschaft, auch die Eisenbahn, verkauft.

3.7.

Direkt nach dem Grenzübergang, auf brasilianischer Seite, sehne ich mich schon zurück nach Paraguay. Alles ist einfacher, etwas gemütlicher und unkomplizierter, es ist sozusagen lateinamerikanischer. Brasilien wird von Paraguay aus als "Imperium" wahrgenommen, was es bis 1889 auch war. Eine Sicht von außen, von Schwächeren. In Brasilien beginnt wieder die zurechtgestutzte Kultur, die mit der Ländergrenze schlagartig einsetzt. Diese "äußere" Kultur – wie die Busse fahren, wie die Stadtlandschaft gestaltet ist, wie die Leute reden – ist der ideologisch-ästhetische Aspekt der Verfügung über die Mensch-Natur-Beziehung, dem Urgrund imperialer Macht, wie er allen Nationalstaaten aus altem Erbe eigen ist. Der Landbesitz ist zwischen Staat und Privateigentümern komplementär zugeteilt.

Nach einer Nachtfahrt mit dem Bus kam ich in Foz do Yguasu an, fuhr zu den Wasserfällen und war als erster am Fluss. Nach einer Wanderung von einer Stunde fuhr ich wieder weg, denn ich hatte alles gesehen, die meisten Wege waren gesperrt und nach mir kamen immer größere Massen von Menschen. Trotzdem war die kurze Zeit über dem "großen Wasser" großartig, Vögel flogen um das herunterfallende Wasser herum, als seien auch sie vom Spektakel begeistert. Der Augenblick entschädigte mich für allen Stress. Und ich hatte noch drei gemütliche Stunden auf dem Busbahnhof zu warten, bevor ich mit dem nächsten Bus, wieder über Nacht, bis São Paulo fuhr. Dort sollte der Bus am andern Morgen früh sehr zeitig ankommen, hatte aber fünf Stunden Verspätung, so dass es sich kaum lohnte, noch zur Chorinho-Musikgruppe zu fahren und dort mitzuspielen, was ich eigentlich vorgehabt hatte. Aber ich erinnerte mich an das Wort von Dorothee Sölle, dass Christentum Glauben an das Leben vor dem Tode bedeute, und fuhr doch hin. Es waren noch 20 Minuten Zeit, und ich spielte einige Stücke. Auch diese kurze Zeit entschädigte mich wieder für allen Ärger.

12.8.

Heute war ein Argentinier hier, der Schauspieler und Clown ist. Ich kam mit ins Zentrum der Kleinstadt Embu Guaçu, wo er auf der Straße spontan und improvisierend spielte. Er hatte nur einen Ball an der Nase, das war seine Verkleidung. Und er sprudelte von Ideen und Energie, war wie verwandelt, sprach alle Leute auf dem Platz und der Straße an, frech und zugleich freundlich, ich spielte dazu Flöte, dann ging er auf die Straße, pfiff mit einer Trillerpfeife und spielte den Verkehrspolizisten, erdreistete sich sogar, große Lastwagen zum Stehen zu bringen.

Es erinnerte mich an den "Karneval" beim russischen Philosophen Michail Bachtin, wo der Karneval eine kurzzeitig verwirklichte Utopie und das Lachen revolutionär ist, wo plötzlich Menschen, die nie miteinander verkehren, in Kontakt kommen, wo auf einmal eine Brüderlichkeit gegenwärtig ist, die niemand für möglich hielt, obwohl sie doch ganz in der Nähe liegt. Das könnte an das Jesus-Wort erinnern: "Das Reich Gottes ist mitten unter euch!"

September

Bei der Chorinho-Gruppe, bei der ich am öftesten mitspiele, die sich samstags über Tag trifft, sind lauter originelle Leute. Z.B. ein dicker, unförmiger Musiker, der voller Temperament ist und meistens die siebensaitige Gitarre spielt. Ein unauffälliger älterer Mann trommelt in mir unvorstellbarer Perfektion auf dem Pandeiro, einer flachen Trommel, ich hatte nicht geahnt, dass Schlagzeug so interessant sein kann; manchmal spielt er zusammen mit dem unförmigen Musiker Stücke in einer unglaublichen Geschwindigkeit, ganz exakt miteinander, mit mehreren einander überkreuzenden Rhythmen. Das ist ergreifend, umwühlend, schwindelregend. Ein anderer Pandeiro-Spieler, von dem ich dann erfuhr, dass er schon 86 Jahre alt ist, begann früh mit einer riesigen Freude und Lust zu trommeln und lachte dabei wie ein Kind. Manchmal singen einige Leute Samba. Dann steht jemand in der Mitte des Kreises der Instrumentalisten und singt, oft sind es ältere Männer, die inbrünstig und ausdrucksvoll gestikulieren aber eigentlich nicht singen können. Da ziehe ich die Choros vor, zumal hier geniale Instrumentalisten sind. Die einzige Person unter den Sängern, die mich begeistert, ist eine dicke schwarze Frau. Sie steht in der Mitte wie ein großer Baum, strahlt eine Fülle aus, singt wie aus einer riesigen Quelle heraus und kümmert sich nicht um das okzidentale Dürrheitsideal.

Ouro Preto

Kurz nach einem Kongress in Belo Horizonte fuhr ich nach Ouro Preto, einer Stadt, die im 18. Jahrhundert reich wurde, als man in Minas Gerais Gold aus der Erde holte, von dem ein großer Teil über Portugal nach England gelangte. Es ist eine wuchtige, trutzige Kolonialstadt. Ich betrat ein Museum. Es handelt von der Geschichte, vom Aufstand 1889, der u.a. ein Konflikt zwischen brasilianischen Landbesitzern und der portugiesischen Kolonialherrschaft war, ein Konflikt wegen zu hoher Tribute, also um die Produkte fremder Arbeit von Natur und Menschen. In diesem Museum fiel mir die Skulptur eines schwarzen Heiligen aus dem 18. Jh. auf. Dieses Bild, mitten aus der Zeit der Sklaverei, durch und durch schwarz, die Kleidung braun, nur die Augen leuchtend hell, drückt etwas aus, als ob da eine andere Humanität wäre, die keiner kennt, aus einer anderen Welt kommend, ein Menschsein, an dem alle vorbeileben – wenn sie nicht dieses eine Bild sehen.

Saudade

Es gibt ein Wort in Brasilien, von dem mir schon mehrere Leute sagten, dass es eigentlich unübersetzbar sei und nirgendwo außerhalb Brasiliens existiere: *saudade*. Doch, es gibt das Wort im Deutschen auch, *Sehnsucht*. Aber es könnte sein, dass es nicht dasselbe ist. Vielleicht haben sie doch recht; es sind Zeugenaussagen; keine Sprache ist ganz in andere Sprachen übersetzbar. Sehnsucht beinhaltet sowohl Schmerz als auch den Inbegriff des Lebens. Manche Psychologen identifizieren Sehnsucht mit der frühen Mutterbindung. Daran könnte etwas dran sein, es ist aber zu kurz gedacht. Die Muttererfahrung ist bei jedem Menschen die früheste Erfahrung einer Lebensfülle, die gratis empfangen wird. Aber diese Erfahrung des Geschenks, Urgrund allen späteren Tauschens und Arbeitens, geht auf die größere Familie, andere Menschen, Gemeinschaft, auf die Menschheit und auf die Natur zurück. Brasilien begann als *Zuckerfabrik* mit riesigem Großgrundbesitz, Zuckerrohranpflanzungen und einer unvorstellbaren Ausbeutung, einer

Hölle für die Menschen. Der Zucker, der billig nach Europa kam, ist potentielle Energie, schnell wirksamer Brennstoff für den Körper, Produkt der Arbeit einer zugerichteten Natur und versklavter Menschen.

Nach dem Ende der Sklaverei gegen Ende des 19. Jahrhunderts befindet sich weiterhin der größte Teil des Landes und übriger Wirtschaft in den Händen weniger Besitzender. Die Masse der Menschen ist vertrieben, es entstehen die Favelas. Die Menschen der Peripherie schaffen zugleich eine eigene Lebendigkeit, eine eigene Kultur, Sprache, Musik. Diese Lebendigkeit steckt in der *Saudade*, sowie die Geschichte der Sklaverei und der Ausgrenzung aus eben der Quelle des Lebendigen, welche sowohl die Menschheit, als auch die Natur ist. Beim Geschmack des Zuckers, den wir achtlos in den Kaffee tun, ahnen wir nicht, welche Sklaverei, welche Vertreibung, welcher Schmerz und welche Leidenschaft, welche *saudade* die Rückseite des Zuckers ist, die mit diesem einen unhörbaren Dialog führt.

Ende September

Noch einmal komme ich auf das Thema Chorinho. Das letzte Mal, als ich mitspielte, war eine Frau im Kreis mit dabei, die eine Melodica, wir würden sagen eine Kinderflöte mit Klaviertastatur, hatte und darauf spielte. Da wurde mir erst klar, was mich an dieser Musik so erschüttert. Sie spielte großartig, wie eine professionelle Musikerin. Die Instrumente, die verwendet werden, sind im Vergleich zur klassischen Musik Europas primitiv: Gitarren, Trommeln, Mandolinen usw. Es ist Ausdruck der historischen Situation der Armut. Kaum jemand könnte sich eine Geige leisten. In einer Gruppe ist jemand mit Cello dabei, das ist eine absolute Ausnahme und eigentlich unüblich. Ein berühmter Choro-Musiker, Izaías Bueno de Almeida, hatte als Jugendliche die Möglichkeit, Violine zu erlernen, lehnte dies aber schließlich ab und blieb bei der brasilianischen Volksmusik, wo er bis heute Mandoline spielt. Innerhalb der Musik-Szene wird man auf sie immer wie auf Kinder herabschauen, so wie man es mit indigenen Völkern tut. Und gleichzeitig haben sie mit schlechteren Mitteln eine Musik hervorgebracht, die genauso gut, wenn nicht besser als die europäische ist. Sie ist insofern besser, als sie lebendiger ist, es gibt nicht die Unterscheidung in klassische und Unterhaltungsmusik, sie ist von höchster Komplexität wie klassische Musik und zugleich Volksmusik, und bis heute komponieren viele Musiker neue Choros. In einer weltweiten Perspektive ist es eine Kultur der Ausgeschlossenen. Dieser Musik zuzuhören ist selber schon ein antikolonialer Akt.

Flug nach Europa

Nach fünf bis sechs Stunden Fluges sah ich das Sternbild des Orion auf der Seite liegen, da wusste ich, dass ich mich in etwa über dem Äquator befinden musste. Denn im Süden, im südlichen Argentinien oder Chile, da steht er exakt auf dem Kopfe, verkehrtherum; in Europa steht er richtig, in Brasilien aber schräg auf dem Kopf. So jedenfalls die eurozentrische Perspektive. Oder ist es umgekehrt?

Ein halbes Jahr in Deutschland

Anfang Oktober, Ankunft in Deutschland über die Schweiz

Wie ich mit brasilianischer Brille im ersten Moment Deutschland wahrnahm:

Dieses vergangene halbe Jahr erscheint mir im Rückblick unendlich groß, eine riesige Zeit. Die jetzige Welt ist so anders, dass die andere Welt, das Leben in Brasilien, mir wie ein gewaltiger Traum erscheint. Oder bin ich jetzt im Traum und war in Brasilien wach? Es ist wie eine Unschärferelation, wie zwei Seiten einer Medaille, die einander nicht sehen können.

Es geht mir nicht gut im Gewohnten, ich komme nicht gern zurück, mir graut vor der Normalität.

Im Ton mancher Leute im Zug fällt mir eine betonte dümmliche Oberflächlichkeit auf, die sich für lustig hält, die es in Brasilien nicht gab, wo die Mentalität dafür naiver war.

Seelisch machen mir die Leute im Zug (ICE) hier einen weitaus verelendeteren Eindruck als in Brasilien – trotz aller Kritik am dortigen Leben. Süchtig, besessen, verfallen den Geräten und Maschinen, an deren Tropf sie liegen, deren Zuckerbrot sie verschlingen, und die sie zugleich bedienen. Die Antlitze ausdruckslos, starr. Hastig Informationen tipselnd. Gespenstisch. Zerfahren, heruntergekommen – bei aller äußeren Sauberkeit und Perfektion im Richtigsein.

Gestern noch fuhr ich durch staubige Straßen mit lebendigen Menschen, war ich in der Schule bei Kindern, die mich zum Abschied zuhauf umarmten.

"Entschuldige, wenn ich Sie berührt habe", sagt in der S-Bahn ein monologisierender, eventuell betrunkener Mann, der an einem Älteren vorüberstolpert, um sich hinzusetzen. Der Ältere bleibt unberührt wie ein Reptil.

(4.10.)

Meine Choro-Erfahrung aus Brasilien ist kaum in diese aalglatte Welt zu übersetzen. Wenn ich aus der äußersten Armut komme, durch Favelas fahre und durch die Menschenmassen, an primitivsten Häusern vorüber, durch Staub hindurchgehe und einfältige Menschen sehe und treffe, dann erblüht diese Musik, die ebenfalls von einfachen, im Vergleich zu Europa naiveren Menschen stammt, wie eine Offenbarung. Aber die in Brasilien allgegenwärtige Sehnsucht (saudade), welche die dortigen Menschen auch so anfällig für alle möglichen Heilslehren, einschließlich der religiösen und der europasüchtigen, macht, jedoch auch dem Leben eine größere Ehrlichkeit, Ungetünchtheit verleiht, ist in dieser europäischen verfetteten Welt zugestopft, unfühlbar geworden. Und da ist für solche Musik kein Platz.

9.10., Görlitz

Ich bin tief verunsichert. Alles, was in Brasilien wertvoll, bedeutsam war, ist hier nichts wert und fällt in sich zusammen. Das betrifft die dortige Musik, die Menschen, die Häuser und damit ein Stück von mir selber, denn ich bin selber Teil jener Welt geworden. Auch die dortige soziale Arbeit und die sozialen Bezüge. Was dort die ganze Welt, das Leben war, ist hier überhaupt nicht existent. Jetzt erlebe ich, wie die dortige Musik hier als minderwertig, zumindest als kinderhaft erscheint. Was dort körperhaft gegenwärtig war, wird hier schattenhaft körperlos. Es fühlt sich an wie ein Fehlen, wie ein Loch, als ob mein seelisch und sozial überreiches Leben über Nacht in ein völlig verarmtes verwandelt worden wäre. Ich bin den anderen um eine Erfahrung voraus, die nicht ersetzbar ist. Ich *sehe* Dinge, die sozial "als nichtexistent konstruiert" (Formulierung von Boaventura de Sousa Santos) werden. Das Erzählen selbst erstirbt mir, weil die Resonanz nicht widerhallt, sondern mir Stummheit und Unverständnis entgegenschlägt. Welche Fremde, in die sich das Gewohnte gewandelt hat.

28.10.

Abermals fuhr ich mit dem Fahrrad von Bremen bis Cuxhaven. Nach dem Wetterbericht sollte es den ganzen Tag über sonnig sein und nur gegen Abend sich etwas bewölken. Ich stand schon halb sieben auf, fühlte mich nicht ganz wohl am Hals, band mir zur Sicherheit einen dicken Schal um und startete kurz nach 7 Uhr. Es war noch nicht gänzlich hell, der Himmel voller Wolken, und ich nahm mir vor, an einer Stelle in etwa zwei Stunden zu frühstücken. Dann musste die Sonne bestimmt herausgekommen sein! Denn so wie der liebe Gott nach dem Kirchenrecht, sollte das Wetter sich erwartungsgemäß nach dem Wetterbericht richten! Aber bei Spinoza las ich kürzlich, dass die Menschen irrtümlicherweise sich Gott wie einen Menschen oder wie ein sonstiges Ding vorstellen und zu Unrecht glauben, die Welt wäre für uns Menschen so trefflich eingerichtet, und wir könnten sie deshalb auch ausbeuten, sondern in Wirklichkeit haben alle Dinge ihr eigenes Leben und ihre eigenen Ursachen und seien nur aus sich heraus zu verstehen. Als ich nach zwei Stunden an der gewünschten Stelle ankam, war es immer noch bewölkt und kalt. Ich frühstückte mit kalten Fingern. Auch nach weiteren zwei Stunden kam die Sonne nicht heraus, wo war sie nur?, und der liebe Gott richtete sich immer noch nicht nach dem Kirchenrecht, die Natur tat, was sie wollte und machte sich über den Wetterbericht lustig.

Ich zweifelte, ob ich es bis Cuxhaven durchhalten würde oder schon in Bremerhaven mit dem Zug zurückkehren sollte. Die letzte Strecke vor Bremerhaven zieht sich eintönig in die Länge. Sie ist einsam, unspektakulär, aber von gewaltiger und einfacher Schönheit der Landschaft des Wassers, der Ebene und der riesigen Schwärme kreischender Vögel. Nicht mehr weit von Bremerhaven entfernt überquerte ich den Deich, und es war wie eine Offenbarung: die breite Weser, die in den Hafen übergeht und das Meer ahnen läßt, lag vor mir. Es ist, wie auf einem Bergkamm anzukommen. Der weitere Weg ging dann durch den gigantischen Containerhafen hindurch und danach am blauen Meer entlang. Der Deich, das Wattenmeer, die Möwen, die auf dem Wattenmeer Futter suchen, das offene Meer werden dann für eine Zeit das Universum, in dem ich lebe.

Ende Dezember

Gott ist nicht außerhalb, sondern der Gesamtzusammenhang, nicht nur derjenige der Menschen, sondern auch der Natur, nicht nur der guten Beziehungen zwischen den Menschen, sondern auch der Interaktionen der Materie. Wenn Gott oder der Gesamtzusammenhang dasjenige ist, in dem wir Menschen sind, und ohne dem wir alle weder sein noch begriffen werden können, dann scheint es mir nichts wichtigeres im Leben als die Erkenntnis zu geben. Erkenntnis ist nichts Äußerliches im Leben, sondern der innerste Lebensvollzug. Spinoza entnahm dem althebräischen Wortgebrauch, dass Erkenntnis und Liebe dasselbe sind. Mystik ist nichts Nebulöses, sondern klarste Erkenntnis, und diese Erkenntnis ist zugleich Politik. Die Erkenntnis des Gesamtzusammenhanges oder Gottes ist, wie die Philosophen und Mystiker sagen, der Weg zur Glückseligkeit, und das im Glück wie im Unglück, angesichts der Freude wie der Katastrophe, in der Betrachtung wie in der Revolution.

2016

Wieder in Brasilien

13.4.

Nach einem Nachtflug über den Atlantik kam ich sehr früh in São Paulo an. Für meine innere Uhr war es schon 10.00 Uhr, aber nach hiesiger Zeit erst 5. Als ich aus dem Flugzeug hinausging, wehte mir die laue Luft des tropischen Herbstes, der eigentlich ein später Sommer ist, entgegen. Zuerst ging ich in eine Toilette und putzte mir gemächlich die Zähne; dazu hatte ich im engen Flugzeug keine Lust gehabt, nahm mir dafür jetzt reichlich Zeit. Bei der Passkontrolle musste ich eine Weile warten, es waren viele Leute da, und ich hatte Strafe zu zahlen, weil ich bei meinem letzten Aufenthalt ein paar Wochen ohne Visum im Lande geblieben war. Als ich endlich bei der Gepäckzurückgabe ankam, fand ich meinen Rucksack nicht; ich war wohl ziemlich spät angekommen. Dann fragte ich mich nach dem Büro für vermisstes Gepäck durch, das ich auch fand, nachdem ich zehnmal zu verschiedenen Punkten gegangen war, und da stand mein Rucksack; es hatte zu lange gedauert, die Polizei hatte bereits den Inhalt durchsucht, aber nichts Verbotenes gefunden, und der Mann im Büro wusste, dass ich Bücher im Rucksack hatte.

Ich setzte mich in den Bus, der zur Metro fährt. Die Sonne schien, es war warm, die Bäume und Wiesen saftig und dunkel grün. Die Leute schienen mir einfacher und entspannter zu sein als in Deutschland. Es war alles ganz anders als gestern. War ich noch derselbe Mensch? Ich erinnerte mich problemlos an mein Leben, bevor ich aus dem Flugzeug ausstieg, war mir aber nicht so ganz sicher, ob ich noch die gleiche Person war. Vor Jahren erfand ich einmal eine Geschichte, in welcher ein Gehirn in einen anderen Körper transplantiert und dem Menschen unklar wird, wer er ist. Ist das Ich ganz im Gehirn? Ich denke nicht ausschließlich, sondern in der Wechselwirkung; und ähnlich ist das Subjekt nicht nur im physischen Körper, sondern auch in der Interaktion mit der Natur und den anderen Menschen.

Ein Bus brachte mich bis zur U-Bahn-Station Tatuapé, wo vor langer Zeit die Menschen aus dem Volk der Puri Gürteltiere, auf Portugiesisch "Tatus", jagten. Nach dem indigenen Schriftsteller Daniel Munduruku haben heute die U-Bahnen sozusagen die Nachfolge der Gürteltiere, jener gepanzerten Säugetiere, übernommen.

14.4.

Früh geht die Sonne groß auf, das ist zwar selbstverständlich, aber für mich wie neu. Am Tage wird es heiß wie im Sommer. Ich spazierte auf der Schiene, an langsam fahrenden Güterzügen vorüber, ins Zentrum der kleinen Stadt Embu Guaçu, um etwas einzukaufen, hatte einen weißen Hut auf und schwitzte.

Diesmal geht mein Aufenthalt in Brasilien sehr ruhig los. Ich kenne schon das meiste, fahre nicht so viel in der Gegend herum; es ist für mich nicht so sehr wie ein Neuanfang, sondern eher wie eine Fortsetzung; und es hat mich noch kein Hund gebissen, obwohl ich dieses Mal gegen Tollwut geimpft bin.

20.4.

Eine Woche bin ich hier. Sie war eindrucksvoll, stark, schwer.

Vorgestern abend ging ich in eine der kleinen Dorfkneipen oder -bars. Es waren lauter Männer dort, nur zwei Frauen. Die Männer umarmten sich oft (auch ohne homosexuell zu sein), sagten etwas wie Prost, manchmal dachte ich, sie fingen an zu streiten, aber sie waren friedlich und freundlich. Im Vergleich zu Deutschland von einer Einfachheit und Armut, wie man es sich dort gar nicht vorstellen kann.

Am Tage arbeitete ich wieder einmal im Gelände der Organisation, schnitt verschiedene Unkräuter ab, kürzte den Wuchs einer bewachsenen Mauer, musste aufpassen, dass ich an keine Schlange geriet. Einmal sah ich in einem Loch ein Reptil und erschrak. Nach einer Weile war ich völlig verschwitzt, und ich habe immer noch Muskelkater in den Händen.

Im Hause Aramitan hier verstehe ich mich gerade mit allen gut, aber es ist sehr schlechte Stimmung. Jeder ist böse über die jeweils anderen. Der eine sagt, dass die andere nicht richtig arbeiten würde, wozu die Person überhaupt hier wäre? Einer schaut sich bis ins Morgengrauen im Computer Filme an und schläft bis Mittag, auch dann, wenn er eigentlich dran ist, Frühstück zu machen. Andere arbeiten sehr pünktlich. Aber dennoch macht jeder etwas Gutes, nur eben sehr anders, und es ist schwer, sich zu einigen und einen gemeinsamen Rhythmus zu finden.

Heute schlenderte ich über die Eisenbahnschiene ins Kleinstadtzentrum. Es donnerte in der Nähe. Es ist so tropisch schwül, dass es drückend wird und müde macht. Welch eine Schwere in der Luft. Dann trank ich ein Getränk, dass in letzter Zeit mein Lieblingsgetränk ist: einen süßen, aufgeschäumten Saft aus Avocado. Auf dem Rückweg ging die Sonne unter, es wurde kühler; auf der Straße fragte mich jemand, ob ich noch heute komme; gleich gehe ich hin, in eine der vielen kleinen Kneipen, wo ich noch ein paar Menschen vom letzten Jahr kenne.

23./24.4.

Samstag in São Paulo. Am Vormittag spielte ich Chorinho in einer Gruppe mit, ich konnte es nicht mehr so gut wie noch vor einem halben Jahr und musste mich konzentrieren.

Am Abend ging ich zu einem *Sarau*. Das ist eine Veranstaltung, in welcher alle Anwesenden die Möglichkeit haben, etwas Eigenes an Kunst zu präsentieren, an Musik, Dichtung, Theater usw. Es fand im Kulturzentrum von Monte Azul, einer größeren sozialen Initiative einer Favela, statt. Zu Anfang erzählte jemand ein bisschen zur Geschichte der Saraus an diesem Ort. In der Favela ist oft der einzige öffentliche oder kulturhafte Ort die Bar (wenngleich sehr viel sozialer als ich Vergleichbares in Deutschland kenne). Die Saraus in der Peripherie, also den menschlichen Gegenden, die am Rande, fern vom Zentrum sind, die links liegengelassen werden und in der Weltgeschichte keinen sichtbaren Ort finden, sind besonders politisch. Kunst hat immer auch eine politische Dimension, also einen Aspekt, der sich auf das Ganze, die Menschheit oder das Leben bezieht. Und diese Dimension ist hier anders als in etablierteren Orten, wo die Kunst weniger die Dinge in Frage stellt. Als die Beiträge begannen, war ich erstaunt, es kamen wirklich politische Themen, wie der Hunger und zugleich die Selbstgefälligkeit der Politik vor, die Situation verarmter, perspektivloser Menschen, neben anderen Dingen wie Liebesliedern. Ich spielte drei kurze Stücke mit der Flöte, eines von Bach, ein jüdisches und ein brasilianisches Lied.

Zwei ältere Männer waren extra wegen mir gekommen. Denn kurz vor der Veranstaltung hatte ich noch vier Stunden Zeit gehabt und mich an einen Tisch bei einem Lebensmittelladen gesetzt um zu lesen. Dann kam ich mit den beiden ins Gespräch; der eine bat mich, etwas mit der Flöte zu spielen, ich spielte ein Stück, und die Leute vom Laden freuten sich; und jetzt waren die beiden mit zum Sarau gekommen, von denen der eine im Lebensmittelbereich arbeitet und der andere mir ohne Arbeit und Perspektive zu sein scheint.

Müde fuhr ich zu Aramitan zurück, wo ich mich schließlich am Sonntag schwitzend, arbeitend, studierend, mich ausruhend, aber ländlich und ohne Straßenverkehr vom Samstag erholte.

15.5.

Die Präsidentin Brasiliens ist vorläufig suspendiert mit Hilfe von vorgeschobenen Vorwürfen. Brasilien soll noch mehr als bisher auf die Linie der USA und des Neoliberalismus gebracht werden. Die Partei von "Lula" und Dilma Roussef hatte dieser Entwicklung zumindest ein wenig entgegengewirkt. Arbeitsrechte und Sozialleistungen will man kürzen, die Ansprüche der Landlosenbewegung und der indigenen Völker sollen beschnitten werden. Profitieren werden der Großgrundbesitz, die Agrarindustrie und die Viehwirtschaft – und in der Folge diejenigen Wirtschaftszweige der Welt des "Nordens", die von der wachsenden Ausbeutung des "Südens" leben, indem sie die Rohstoffe und landwirtschaftlichen Rohprodukte relativ billig kaufen.

Auch werden die zu berücksichtigenden Rechte indigener Völker und der Landlosenbewegung nicht mehr die Interessen der Agrar- und Viehzuchtindustrie stören, jedenfalls weniger als bisher. Das Land kann noch mehr in Geld verwandelt werden...

18.5.

Im Mai flog ich absurderweise noch einmal nach Deutschland, weil das die einzige Möglichkeit war, ein Visum als "Forscher" zu erhalten. Daraus entstanden mir ein paar schöne Frühlingstage. Ich gelangte sogar in Berlin hoch auf das Reichstagsgebäude, von wo aus die Siegessäule zu sehen ist, die 1873 zunächst vor das Gebäude gestellt wurde, um die drei preußischen Siege zu feiern, die dem 2. Reich vorausgingen. Welches Reich haben wir heute, schon das 4.? Der wichtigste Sieg damals war der letzte, der 1866 über Österreich. Damals wurde Österreich aus Deutschland rausgeschmissen.

Aber wichtiger ist die Frage, warum das alles? In ganz großen Zügen erkläre ich es mir so: die stärkste wirtschaftliche und damit materielle Kraft war bereits die Großindustrie, der Kapitalismus. Das Großbürgertum versprach sich einen Vorteil von einer deutschen Einigung. Ob das gut für die Kultur und für die Menschen war, ist eine andere Frage. Die sogenannte Zersplitterung hat immerhin einen universalistischen Geist wie Goethe hervorgebracht. Aber nützlich für den Kapitalismus ist ein starker Staat, der – dem französischen Philosophen Louis Althusser zufolge – nicht nur mit seinem repressiven, sondern auch dem ideologischen Staatsapparat (wie über die Schule) diejenigen Menschen "produziert" welche untertänig sind, nicht aufbegehren, nicht protestieren, sondern fleißig und ohne zu murren arbeiten. Unter Bismarck wurden die Arbeiterproteste und die Sozialdemokraten bekämpft und später so gezähmt, dass sie nicht mehr aufbegehrten. Besonders nützlich war dabei der preußische Militarismus, der die Gesellschaft in Deutschland bis in die Schulen hinein prägte. Und schließlich brauchte die Kombination von Kapitalismus und starkem Staat, um zu funktionieren, als dritte Komponente den Nationalismus sozusagen als Klebstoff. Der Nationalismus war teilweise schon da, wurde aber noch geschürt und neu zusammengebraut, besonders während des Krieges gegen Frankreich. Die *Pariser Kommune*, in welcher jahrhundertealte Traditionen der Proteste und der Utopien aufgelebt waren, wurde von Frankreich selber vernichtet, darum brauchte sich Deutschland nicht zu kümmern. Die Dreierkombination Kapitalismus-Staat-Nationalismus hat, wie mir scheint, auch die neue Wiedervereinigung hervorgebracht. Auch diesmal verschwanden Utopien hinter dem "Gott" der deutschen Nation.

Am letzten Tag in Deutschland rannte ich knapp zwei Stunden am Wannsee entlang, badete, fuhr gemütlich zum Flughafen, und kam am nächsten Morgen in Brasilien an, wo ich nun den Frühling vermisse. Diesmal kam ich von der Wärme in die Kälte. Zuweilen ist es schwül und schwer verhangen, an anderen Tagen hört es nicht auf zu regnen.

Hier lebe ich zwischen Wissenschaft und Praxis. Früh stehe ich mit dem ersten Licht auf, mache eine bioenergetische Übung, lerne zuerst mehrere indigene Sprachen weiter, dann Portugiesisch. Darauf essen wir zusammen Frühstück, das alternierend jeden Tag jemand anderes vorbereitet. Nach einem schönen Gespräch machen wir uns an die Arbeit; diesmal säubere ich ein paar Zimmer, putze ein Klo, räume im Garten die Hundescheiße weg, wobei ich fast kotzen muss, u.ä. Mittag esse ich wenig, setze mich schnell an den Computer und schreibe auf Portugiesisch, so gut wie ich kann, einen Text zur Dialektik, um am nächsten Freitag etwas darüber in einer Studiergruppe zu sagen; dabei fasse ich zusammen, womit ich mich in den letzten Monaten mit verschiedenen Lektüren beschäftigt habe. Dann machen wir eine kleine Besprechung mit den Leuten von Aramitan. Während dieser Besprechung ist von weitem ein Gewitter zu hören, das langsam näher kommt. Plötzlich beginnen Sturm und Regen – oder Hagel, das kann ich nicht genau sehen, ich habe noch nie einen solchen Sturm erlebt, das ganze Haus scheint zu beben, es fallen Ziegeln vom Dach, es regnet ein, wir schließen schnell alle Fenster und Türen, draußen biegen sich die Bäume; nach etwa 15 Minuten ist der Sturm vorbei, er hat Verwüstungen angerichtet: schon im Gelände sind mehrere dicke Äste von Bäumen abgebrochen; draußen auf der Straße sind viele Bäume ganz umgefallen, liegen auf der Straße, eine Palme liegt über einer Stromleitung (der Strom war sofort beim Sturm ausgegangen), die Bahnlinie ist voller umgestürzter Bäume, manche Bäume liegen über Autos. Selbst die hiesigen Brasilianer haben noch keinen solchen Sturm erlebt. Wir gehen zum Bus, um zu einem Kulturzentrum zu fahren; und nach ein paar hundert Metern, welche wir noch an auf der Straße liegenden und darüber hängenden Bäumen vorübergehen, ist plötzlich keine Spur vom Sturm zu sehen. Er war lokal begrenzt. Bei der anderen Straße fahren wir mit dem Bus bis ins Kulturzentrum Monte Azul, um einen Tanzkurz des Forró, eines typisch brasilianischen Tanzes, mitzumachen. Wieder bin ich in einer anderen Welt, die mich begeistert und in neue Rhythmen und Schwingungen bringt.

29.5.

Seit wenigen Wochen ist Aramitan wieder für Kurse für Kinder und Jugendliche geöffnet, nachdem Verschiedenes am Haus umgebaut wurde. Eine Mitarbeiterin macht Theater mit Kindern. Bei einer ersten Stunde ließ sie die Kinder Szenen spielen, welche sie sich selber ausdenken sollten. Sie waren unglaublich einfallsreich und erfanden märchenhafte Geschichten mit Hexen, Entführungen, Rettungen.

30.5.

Bei einer Versammlung in Aramitan fällt mir auf, dass alle jeweils sich selber darstellen, stark machen und versuchen, die je anderen klein und schlecht zu machen, am meisten wenn die andere Person nicht da ist. Jeder ist gegen jeden, es entsteht eine Atmosphäre der sozialen Exklusion, genau das, wogegen eine solche Organisation kritisch sein sollte. Es geht in Richtung Konkurrenz; wer in den typisch "sozialen" Tugenden nicht mithält, wer Schwächen zeigt, wird sozial ausgegrenzt. "Wir können Leute mit mentalen Problemen nicht gebrauchen." Hat etwa jemand keine? Es entwickelt sich in Richtung zur totalen Ellebogengesellschaft im Gewand der sozialen Aufgeschlossenheit. Wer am meisten Soziales zu bieten hat, bekommt die meisten Punkte. Wer die wenigsten Punkte hat, hat Pech gehabt. Es ist exakt die soziale Struktur des Kapitalismus (Gerangel, wer der Stärkere ist), des Rassismus, der Gleichgültigkeit gegenüber den Ausgeschlossenen und Auszuschließenden.

3.6.

Gerade fange ich mit ein wenig Blockflötenunterricht an, zeige ein paar Griffe und Atemweisen. Viele Kinder sind sehr undiszipliniert, was wahrscheinlich damit zu tun hat, dass sie keine Familie haben, jedenfalls keine, die Heimat und emotionale Sicherheit gäbe.

Einige Zeit war ich damit beschäftigt, an einem Baum einen Ast abzusägen, der größtenteils beim Sturm vor kurzem abgebrochen war. Ich kletterte hoch, sägte zuerst, verwendete später eine Axt; es war schwierig, weil ich den Ast dicht vor mir hatte und keinen Freiraum oder Schwung für Säge und Axt.

Eine Weile bin ich dann bei der Universität. Dort ist das Leben vergleichsweise sicherer. Aber als ich neulich zu einer Schule in einer Favela (Horizonte Azul) fuhr, wo ich im letzten Jahr mitarbeitete, fiel mir die eigentümliche Mischung aus Schönheit und Dreck auf. Es ist von einer unvorstellbaren Schönheit, einer besonderen Atmosphäre; solch ein Anblick der Häuser, Landschaften und Menschen; es gibt etwas an ganz *eigener* Kultur. Und dennoch schauen alle auf die USA und Europa als Ideal. Wenn alles hier im Namen der Entwicklungshilfe europäisiert werden sollte, dann verschwindet dieser wunderbare Klang des Lebens, wie es überall in Lateinamerika passiert. Später kann man niemals mehr mit "Folklore" das zertretene Lebendige wiederherstellen.

7.6.

Den Tag über war es relativ kalt und regnerisch. Eine Zeit lang war ich damit beschäftigt, einen Teil des Hauses zu säubern, zu fegen und Pfützen auf dem Fußboden, die vom letzten Regen stammten, mit Lappen und Eimer zu trocknen. In der letzten Zeit regnet es sehr viel, ungewöhnlich für den Juni in dieser Gegend. Und das Haus ist an manchen Stellen undicht, so dass es einregnet. Bei Sturm stürmt es auch drinnen, da das Haus verwinkelt ist und Öffnungen ohne Glas hat. Später ging ich durch unser Stadtviertel von Embu Guaçu, um kleine Plakate mit Ankündigungen von "Studien in Aramitan", die ich durchzuführen beginne, an verschiedenen Stellen anzukleben. Dabei redete ich mit einigen Leuten, z.B. mit einem alten, sympathischen Mann mit Hut, der immer an

Gesprächen interessiert ist. Später machte ich einen Anfang der Studien, die ich über die Geschichte Lateinamerikas, Philosophie, Politik usw. gestalte, erzählte etwas zu indigenen Völkern und was "Entwicklung" sein könnte, auch will ich demnächst etwas zu *Dialektik* vorbereiten. Danach hatten wir eine sehr schwierige Versammlung der vier Leute, die wir hier im Quartier der Vereinigung Aramitan zusammen wohnen, da es immer wieder zu Konflikten und gegenseitigen Vorwürfen und Vorurteilen kommt, zu deren Lösung ich vielleicht beitragen kann. Während der Versammlung regnete es wieder, und am Ende war der Fußboden nasser als bevor ich ihn getrocknet hatte. Später fuhr ich mit einem Mitarbeiter wieder zum Ort, wo wir am Tanzkurs "Forró" teilnehmen, in sehr angenehmer Atmosphäre. Auf dem Rückweg regnete es in Strömen, Bäche flossen die Straße hinunter, aus einem Deckel für Abwasser, floss das Wasser heraus; trotz Regencape wurde ich an Beinen und Füßen nass. Bei einer Metrostation wrang ich beide Strümpfe aus, um etwas schneller zu trocknen. Dann setzte ich den Weg fort zur Universität und genieße es hier nun, längere Zeit intensiv zu studieren und an neuen Theorien zu arbeiten, z.B. über die Arbeit der Natur als Grundlage aller Wirtschaft einschließlich der menschlichen Arbeit, oder darüber, wie Affekte und Emotionen mit der Ökonomie verknüpft sind. Am Ende könnte daraus ein Beitrag zur Überwindung des Kapitalismus werden. Aber gerade jetzt ist in Brasilien der Kapitalismus in vollem Vormarsch. Die jetzige, offiziell noch vorläufige Regierung, die durch einen sanften Putsch an die Macht gekommen ist, durch Lug und Trug, will vor allem Sozialausgaben kürzen, Arbeitsrechte einschränken und öffentliche Betriebe privatisieren und alles zugunsten des Neoliberalismus tun; sie bildet die Interessenvertretung einer elitären Minderheit der Reichen gegen die Mehrheit der Armen. Aber an vielen Stellen gibt es Widerstand, am 10. 6. sollen große Demonstrationen stattfinden, und der Gewerkschaftsdachverband plant, in ein paar Wochen einen Generalstreik zu organisieren.

14.6. – Un- und Umfälle

Am letzten Samstag fuhr ich wieder mit dem Bus durch favelaartige Gebiete am Rande São Paulos bis Embu Guaçu, zur Organisation Aramitan. Auf dem Weg sah ich zwei Unfälle, der erste war offenbar mit Autos und der zweite mit Motorrädern passiert, ich erkannte einige Motorräder auf dem Boden, und einige Leute leuchteten mit Taschenlampen einen Abhang hinunter, als ob sie jemanden suchten. Der neben mir saß, meinte, das sei normal, hier kämen dauernd Unfälle vor, u.a. weil viele Leute betrunken fahren.

In der darauffolgenden Nacht fror ich, obwohl ich neuerdings einen kleinen elektrischen Ofen im Minizimmer benutzen kann. Denn durch Fenster ohne Glas und einen einfachen Fensterladen mit vielen Luftlöchern kam trotzdem die Kälte herein. Am darauffolgenden Tag schien strahlend die Sonne; wir hatten eine Versammlung der mit Aramitan Mitarbeitenden; die ganze Zeit saßen wir draußen in der Sonne. Zu Anfang gab ich einen Impuls zum Thema "Faires Streiten", das ich in Münster gelernt hatte, erklärte die Schritte, und wir machten ein paar Beispiele zu kleineren Konflikten. Es wurde mit viel Interesse aufgenommen.

Am Abend ging ich wieder in eine Kneipe. Dort sah ich zwei Umfälle. Beim Eingang war ein Mann im Stehen umgefallen, wahrscheinlich weil er zuviel Zuckerrohrschnaps getrunken hatte und ohnmächtig geworden war. Er blutete am Kopf, und ein paar Leute halfen ihm halbwegs. Als ich dann an der Theke wartete, um ein Glas billigen süßen brasilianischen Weines zu bestellen, fiel ein Mann um, der direkt neben mir gestanden hatte. Da ich nicht zurückwich, hatte er Glück, er fiel gegen meinen Körper, wurde daran abgebremst und landete mit seinem Kopf zuerst auf meinem Fuß statt auf dem Steinfußboden. Es ist manchmal wichtig, jemandem zur Verfügung zu stehen. Auch das ist die Peripherie, die Situation der Überflüssigen, der materiell und geistig Armgemachten, die schnell von den Etablierteren, die mehr Glück im Leben hatten, abgewertet, in anderen Situationen kriminalisiert oder von der Polizei erschossen werden.

In der nächsten Nacht schlief ich mit Hose, Strümpfen, zwei dicken Pullovern und Anorak, holte außerdem alle Decken, die ich im Hause finden konnte, und schlief gut und schön warm. Früh lag Rauhreif auf der Wiese, ein Nachbar sagte, dass am Morgen die Temperatur einen Grad minus betrug. Dieser Winter ist erheblich kälter als der Winter vor einem Jahr; jemand erzählte mir, dass es diesmal so sei wie vor 20 Jahren und früher.

Jetzt sitze ich sogar mit zwei Anoraks übereinander und doppelter Kapuze am Schreibtisch und schreibe. Mit derselben Bekleidung werde ich schlafen gehen. Welch ein Luxus, ich brauche nicht zu frieren.

14.6.

In den Internetnachrichten der Tagesschau lese ich, dass in Frankreich eine Demonstration gegen die Abschaffung von Arbeitsrechten stattfand, und dass die Regierung, die sich sozialistisch nennt, die sozialistische Demonstration mit Tränengas bekämpfen ließ.

20.6.

Heute ist Sommeranfang, so steht es in meinem Kalender, den ich noch aus Deutschland mithabe. Das scheint auch zu stimmen, muss ja stimmen, wenn es da steht. Und vor allem werden ab heute die Tag wieder länger. Es ist zwar kalt, und vom Sommer merke ich nichts, aber der erste Anfang ist leise, unauffällig, unmerklich. Die Welt ist voller Verheißung, voller noch unerzählter Geschichten und ungehörter, ungehöriger Begebenheiten.

Gestern, am Sonntag, schien die Sonne warm. Einige Kinder und Jugendliche waren im Aramitan-Gelände. Einer hatte einen Ball mit, und es ist ein gespanntes Netz vorhanden; wir spielten Volley-Ball. Dieses Spiel mit Kindern, die zum Teil wenig Halt in der Familie haben, war an diesem Tag mein Sonntagsgottesdienst. Am Nachmittag wurde es diesig, die Sonne schien noch durch Nebelschwaden hindurch, und beim Dunkelwerden brach die Kälte ein. Das Wetter im fremden Kontinent ist für mich immer wieder eine Quelle der Überraschungen.

Juli

Weisheiten aus Paraguay

Die Welt ist rund, sagte der Frosch, der in den Krug gefallen war.

Das Lebens ist schwer, sagte die Kröte unter einem Brett.

Ich sitze schlecht, sprach der sich auf einen Ameisenhaufen gesetzt hatte.

Wir sind doch recht nah verwandt, sprach die Eidechse zum Krokodil.

Wir haben denselben Geschmack, sagte der Floh zur Zecke.

Wohin immer ich gehe, ich bin zu Hause – wie die Schnecke mit dem ihrigen auf dem Rücken.

Der Arme schläft nicht vor Hunger, der Reiche nicht vor lauter Geld, das er besitzt.

19.7.

Eine Erfahrung beim Dauerlaufen

Normalerweise denkt man ja heutzutage, dass eigentlich alle Informationen, alles Wissen der Welt, im Internet in digitaler Form vorhanden und abrufbar sei, man muss nur richtig am Schreibtisch suchen, dann findet man alles. Ich durchsuchte im Google-Maps die Gegend, in der ich zeitweilig wohne, eine Stelle an den Rändern São Paulos, wo es mich hin verschlagen hat, um zu sehen, ob ich hier irgendwo laufen, oder wie man sagt, joggen, könnte. Vor einiger Zeit startete ich, ohne Google Maps zu verwenden, lief über eine Fußgängerbrücke auf die andere Seite einer großen Hauptverkehrsstraße, einer Art Autobahn, wollte dort auf kleinen Straßen weiterkommen, die waren aber alle irgendwann verschlossen, es ging nirgendwo weiter, überall war Betriebsgelände großer Firmen. Ich musste jedesmal zurück, und am Ende lief ich an einem riesigen Klotz vorüber, wo sich ein Geschäft namens Extra befindet, und wo, wie mir gesagt wurde, es alles mögliche Interessante gäbe, z.B. Kino, Cafés, vieles zum Einkaufen usw. Überall war viel Verkehr, ich gelangte in keine kleineren, einfacheren Straßen; am Ende musste ich, um zurückzukehren, auf einem sehr schmalen Trampelpfad am Rande der Autobahn laufen, fand aber den Weg am Ende. Diesmal jedoch war ich klüger. Mit Hilfe von Google Maps hatte ich mir Wege gesucht. Es ging diesmal *hinter* dem Riesenklotz entlang. Zuerst fand ich kleine Wege direkt am Betriebsgekände entlang, dann gelangte ich auf eine kleine Gasse, direkt an der Rückseite des Klotzes, die voller Leute war, es sah dreckig, zerlumpt aus, dicke Autos, Lastwagen, fuhren hindurch, es war zugleich gemütlich, schön und freundlich; da befand sich ein kleines Restaurant mit einfachem Buffet, wo eine ganze Gruppe von Männern mit Hüten saß, wahrscheinlich alles Arbeiter, alles etwas düster, es erinnerte mich an die Kartoffel-Familie auf einem Gemälde von Van Gogh. Dann kam ich auf eine nicht befahrene Straße; dort grasten zwei Pferde, obwohl es kein Gras gab, sondern fast nur unbewachsene Erde und ab und zu Müll; auf den folgenden kleinen Straßen liefen Kinder und Jugendliche umher, die Drachen steigen ließen, dann gelangte ich auf eine etwas größere Straße mit vielen kleinen Läden, es war bunt und belebt. Ich lief wieder zurück, ich war in ganz andere Welten geraten, voller Leben, nicht vorstellbar auf der "Vorderseite" der sterilen zivilisierten Welt, und gleichzeitig an den Rand gedrängt und unsichtbar gemacht und abgewertet. Wie eine Offenbarung. So etwas findet man nicht in der digitalen Information, das kommt in keinem Google Maps vor. Es erinnert mich an "Die Würde des Mülls" von Antoni Jesús Aguiló Bonet.

Juli: Paraguay

Wieder das Gefühl, das Land ist noch lateinamerikanischer als Brasilien. Auf den Straßen sind immer wieder kleine Verkaufsstände zu sehen, Leute zerstampfen Kräuter, um daraus Tees vieler Art zuzubereiten; trotz moderner und schneller Fahrzeuge auf den Straßen fahren Motorradfahrer ohne Licht im Dunkeln; im Bus gibt es farbigen Schmuck aus Textilien, eine Atmosphäre, die mich an Bolivien erinnert, und immer wieder gehe ich über Kreuzungen, wo ein Verkehrspolizist mit Trillerpfeife anstatt einer Ampel den Verkehr regelt.

Es macht einen ärmeren Eindruck als Brasilien und ist auch ärmer. Dass es unbedeutend ist, macht das Land für mich gerade interessant. Es ist das einzige lateinamerikanische Land mit einer indigenen Sprache, welche zweite offizielle Sprache des ganzen Landes ist, Guarani. Paraguay hat mit Brasilien gemein, dass ein Präsident, hier Fernando Armindo Lugo Méndez, durch einen verfahrensmäßigen "Putsch" abgesetzt wurde, wie kürzlich in Brasilien Dilma Vana Rousseff. – Trotzdem hängt im Gebäude der brasilianischen Botschaft in Asunción ein Bild von Dilma Rousseff, was vielleicht eine politische Botschaft sein soll.

In der Unterkunft wohnen eine Französin und eine Chilenin, welche Kunsthandwerk verkaufen. Immer wieder treffe ich Leute, die nicht in der Normalität leben mögen. Der Chef der kleinen Unterkunft gab mir etwas Geld in die Hand, ohne mich zu kennen, und bat mich, etwas für ihn damit zu kaufen.

Am Abend ging ich mit Freunden der Unterkunft zum Fluss "Río Paraguay", wohin am Sonntag viele Menschen kommen, am Ufer entlangwandeln, Gauklern zuschauen oder Kunsthandwerk kaufen. Der Fluss ist breit und groß, und obwohl er durch Motorboote und Müll verunstaltet wird, gleichsam die Seele der Stadt. Wie das Leben: jeder Augenblick ist unwiederholbar, aber alle hängen zusammen. Diese Zeit in Südamerika hat wieder ihren eigenen Klang für mich, der nicht vorher da war und danach nicht wieder kommt, aber mit allem Erlebten verbunden ist.

4., 5. August: Der Januarfluss, der gar kein Fluss ist

In der Nacht zum 4.8. fuhr ich mit einem Bus zu einer Stadt, die an der Guanabara-Bucht, am Atlantik, liegt, welche vor über 500 Jahren von einem portugiesischen Seefahrer namens Gaspar de Lemos, der am 1. Januar dort landete, irrtümlicherweise für eine Flussmündung gehalten wurde. Obwohl längst bekannt ist, dass es sich um keinen Fluss handelt, blieb der Name erhalten: *Januarfluss*, auf Portugiesisch *Rio de Janeiro*. Das ist sicher nicht der einzige Fall, wo man auch nach einem halben Jahrtausend nicht aus Fehlern gelernt hat.

Die Freundin einer Brasilianerin, die ich von einer Flüchtlingsinitiative in Bremen kannte, erwartete mich früh. Sie ist hier Missionarin, missioniert aber nicht, sondern macht soziale Arbeit im Bereich des Empowerment (Stärkung) der Frauen, Bildung mit Kindern, Alphabetisierung, und orientiert sich am großen brasilianischen Pädagogen Paulo Freire. Sie hat über 10 Jahre in der Favela *Rocinha* gearbeitet; erst vor wenigen Monaten beendete sie diese Aktivität und geht nun in Kürze nach Ecuador. Am ersten Tag, den ich ankam, war sie mit Spanischlernen beschäftigt und brachte mich nur zu einer Unterkunft, um mir dann am zweiten Tag die Rocinha zu zeigen. Diese Unterkunft war das Haus einer Freundin von ihr, einer älteren Frau in der Favela namens Santa Marta, der ältesten Favela in Rio de Janeiro, welche "befriedet", d.h. offiziell anerkannt wurde. Der Stadtteil ist an einem Berg gebaut und besteht aus vielen sehr eng aneinander stehenden Häusern und schmalen Gassen, was für mich eine eigenartige Mischung aus Armut und Gemütlichkeit ausstrahlt. Es reizte mich, auf den Berg zu steigen. Ich ging denn durch viele schmale Gassen und Treppen hindurch, manchmal wurde mir unheimlich, ich wusste nicht, ob jemand es mir übel nehmen würde, dass ich neugierig war, fragte öfter nach dem Weg, gelangte bis ans oberste Ende, wo ein Trampelpfad, eine "trilha" (Naturweg), wie man hier sagt, begann. Der war sehr steil und führte durch ein schönes Stück Wald hindurch, und dann kam ich plötzlich auf einen breiten Weg, der sich an eine Straße anschloss, und war nach 20 Metern auf dem Gipfel, einer Aussichtsstelle, die von vielen Touristen besucht wird, welche mit dem Auto hierher fahren, denn man kann von diesem Ort aus die berühmte Christusstatue gut sehen, ohne dafür extra zu Fuß gehen oder sich mit Leuten wie Jesus auseinandersetzen zu müssen. Damit war ich von einem auf den anderen Augenblick in eine völlig andere soziale Welt geraten. Diesmal sah ich die Christusstatue im Nebel, die ich vor drei Jahren, als ich auf den Berg der Statue selber hochgelaufen war, nur von hinten betrachtet hatte (wie Moses Gott auf dem Berg Sinai), weil ich damals den Eintritt nicht bezahlen wollte. Ich blieb nicht lange, ging wieder vom breiten Weg auf den Trampelpfad und kam in die Favela, wo auch viele Touristen sind, die sich vielfach die Favela in Führungen zeigen lassen. Aber ich war an diesem Tag selber Teil, d.h. Gast, dieses Stadtteils.

Am andern Tage brachte mich die Aktivistin zur Favela Rocinha, wo sie gearbeitet hatte. Es war Feiertag wegen des Beginns der olympischen Spiele. Sie kannte so viele Menschen, dass wir fast in jedes zweite Haus hineingingen. Eine Leiterin einer Kinderkrippe sagte, sie hasse die Olympiade, denn es werde alles gekürzt, es seien keine Medikamente da; eine Initiative, armen Leuten preiswertes Essen zu geben, sei genau an diesem Tag gestoppt worden; in letzter Zeit sei in diesem Viertel zweimal ein Fahrstuhl abgestürzt, weil nicht genug gewartet wurde; und das alles weil kein Geld da sei, da eine unverhältnismäßig viel größere Summe für die olympischen Spiele ausgegeben werden. So fehle es am Basalen für die Menschen hier, nur damit die "Gringos" etwas zu sehen haben. Auch die Aktivistin, die mir die Favela zeigte, war wütend über die Olympiade und wollte nichts damit zu tun haben. Ganz viele herzliche, einfache, freudevolle Menschen, die auch wieder von viel Leid und Konflikten erzählten, trafen wir. Am Ende brachte sie mich zurück zur Unterkunft, ich nahm meine Sachen und fuhr zum Busbahnhof (die einzige Art von Bahnhof, die es gewöhnlich in Lateinamerika gibt), während ich einen Vortrag gedanklich vorbereitete, den ich in drei Wochen an der Fakultät halten werde, wartete dann auf den Bus und las befreiungstheologische Literatur auf Portugiesisch, hatte dann im Bus knapp sechs Stunden zum Schlafen Zeit, kam kurz nach 6 Uhr früh in São Paulo an und begab mich zu einem Ort, wo immer samstags ab 9 Uhr Chorinho gespielt wird; diesmal gelang es mir besser als die vorhergehenden Male, die brasilianische Musik mitzuspielen, nachdem ich jeden Tag die Stücke dieses Stils geübt hatte.

18.9.

Ein Aktivist der Tupi, der Nachkommen der Urbevölkerung im Gebiet des heutigen Brasilien, hatte mich zu einem größeren Treffen der Guarani bei São Paulo eingeladen. Als ich ihn anrief, um nach den genauen Daten zu fragen und einen Treffpunkt auszumachen, verstand ich ihn schlecht am Telefon. Danach konnte ich ihn überhaupt nicht mehr erreichen. Trotzdem beschloss ich, hinzufahren. Ich wusste nur, dass das Treffen in oder bei einer gewissen Ortschaft namens *Parelheiros* stattfinden sollte, einer Kleinstadt unweit von Embu Guaçu, wo sich Aramitan befindet. Mir sagte jemand, mit welchem Bus ich nach Paralheiros fahren konnte. So fuhr ich dorthin. Im Zentrum dieser Kleinstadt fragte ich jemanden, ob er wüsste, wo hier in der Gegend die Indigenas, die Guarani, wohnten. Er antwortete mir, dass ich mit einem Bus bis *Barragem* fahren müsste. So fuhr ich dorthin. Dort angekommen fragte ich jemanden auf der Straße, wo hier die Indigenen oder Guarani wohnten, und sie sagten mir, dass es in der Nähe zwei ihrer Dörfer gebe. Ich ging also in die angegebene Richtung. Bei einer Wegbiegung standen ein paar Fußgänger; die fragte ich, ob sie von einem Treffen der Guarani wüssten. Sie sagten, ja, und wiesen mir den Weg. Ich kam durch einen schönen Waldweg, dann durch ein Dorf, und nach mehrmaligem Fragen fand ich den Ort. In einem großen Haus aus Holz, Bambus und Erde (Adobe), dem "Gebetshaus" oder "Opy", fand das offizielle Treffen statt. Es waren Guarani Mbyá aus fünf brasilianischen Bundesstaaten anwesend, die über verschiedene Fragen sprachen, über Landrechte, ihre Kultur, und Dokumente an Regierungsstellen schrieben und ihre interne Organisation regelten.

Verschiedene Leute redeten. Einer von der Gewalt, die in Brasilien gegen die Indigenen passiert. Seit der Ankunft der Portugiesen. Die offizielle Indigenenorganisation FUNAI mache nichts für die Rechte der Indigenen, meinte einer. Immer wieder gab es Beifall und Zwischenrufe: Añeteeee!! was nach meinen Guaranikenntnissen bedeuten musste: richtig! Añete bedeutet "Wahrheit", wie ich mich von Guaranibüchern aus Paraguay erinnerte.

Einer sagte, die Indigenen hätten immer den Wald (mata) bewahrt, die Eindringlinge aus Europa aber alles zerstört. Ein anderer, der wie er sagte, 1950 geboren wurde, erzählte, dass er sich an sein Land erinnerte, wie es war, als er erst 6 Jahre alt war; aber jetzt gebe es die mata (Wald) nicht mehr, keinen Fisch im Flusse, kein Wild (caça) im Wald mehr, nicht mehr, wovon der Guarani sich ernähre.

An einem anderen Tag redeten alle auf Guarani. Da verstand ich nichts außer den Zwischenrufen "Añeteee!"

Sie haben verschieden Dokumente geschrieben, u.a. Schriften an die brasilianische staatliche Indigenenorganisation FUNAI (welche die jetzige Regierung abschaffen will) verfasst. Insgesamt gibt es viele zivilgesellschaftliche Organisationen indigener Völker, die für kollektive Menschenrechte kämpfen und ein Gegengewicht zum Kapitalismus bilden.

26.9.

Jahreszeit

Wieder bin ich gefühlsmäßig über die Wechsel der Jahreszeiten erstaunt. Eigentlich ist es noch kalt, aber teilweise schon frühlingshaft, einige Bäume die die Blätter in der kälteren Jahreszeit verlieren, haben wieder Blätter, und es gibt plötzlich Erdbeeren. An Straßenrändern sehe ich Bäume noch ohne Blätter aber voller leuchtender gelber Blüten und weiß nicht, wie sie heißen.

Die Religion des Spülmittels

Was mir hier in Brasilien auffällt, ich aber auch von Deutschland kenne, was also eine universale oder internationale anthropologische Konstante zu sein scheint, ist bei Gemeinschaftsküchen der Fetischismus des Spülmittels beim Abwaschen. Viele Leute verwenden viel Spülmittel und denken, dass dadurch das Geschirr schon automatisch sauber wird. Es ist aber nicht besonders abgewaschen, und im Becken bleibt der Dreck vermischt mit Schaum zurück. Im Schwamm bleibt meistens noch soviel Spülmittel eingesogen, dass ich keines mehr hinzuzufügen brauche, wenn ich abwasche.

12.10.

Arbeit

Im Gebäude der Vereinigung Aramitan steht geschrieben: "Hier gibt es viel Arbeit."

Der Mensch hat sowohl das Bedürfnis zu arbeiten, als auch, etwas dafür zu bekommen. Immerhin ist mir der erste Teil, die Arbeit, immer wieder vergönnt, und dazu eine sehr gute.

In Aramitan verwirkliche ich unregelmäßig Blockflötenunterricht und ab und zu Gartenarbeiten. Ich betätige mich, wissenschaftliche Texte zu schreiben und zu lesen, wobei ich schon so weit bin, dass ich neue Theorien entwickle, die es noch nicht auf der Welt gibt.

Immer wieder wollte ich ein weiteres Buch von Enrique Dussel übersetzen, und jemand sagte mir, ein so dickes Buch sei mir nicht zuzumuten, ohne etwas dafür zu bekommen. Es gibt aber niemanden, der das bezahlt. Und ich bin der einzige wahrscheinlich, der es tun kann bzw. dazu bereit ist. Da erfülle ich mir doch das Vergnügen einer solchen Arbeit und verwende jeden Tag eine halbe Stunde, dann bin ich in einem oder zwei Jahren fertig, und diese tägliche halbe Stunde bin ich ein freier Mensch, weil ich etwas tue, was ich nicht muss, und was eine interessante Tätigkeit ist.

Kühlschrank

Der Kühlschrank von Aramitan hat seine eigenen Launen und Dickköpfigkeiten. Manchmal funktioniert er gar nicht, d.h. drinnen ist dieselbe Temperatur wie draußen. Andere Male heizt er nach innen. Wenn man ihn ausschaltet und etwa zwei Tage wartet, funktioniert er wiederum in übereifriger Weise mehr als genug, so dass alles gefriert. Neulich hatten wir steinharten Käse, zu Eis gefrorenen Saft usw. Wenn aber eine kurze Stromsperre kommt, dann gerät der Kühlschrank durcheinander, und alles beginnt von vorn. Man muss Geduld haben und tolerant sein.

Friede den Hütten

Neulich besuchte ich eine Familie in Embu Guaçu. Sie lebt in einem abgelegenen Hinterhaus. Die Teile der winzigen Wohnung, die ich kennenlernte, sind nicht aus Stein gebaut, sondern aus Brettern; das Dach besteht aus Plastefolien und Wellblech. Trotzdem ist es gemütlich und schön drinnen, ich werde freundlich empfangen, es gibt Essen. Die Leute sagen: wenn wir genug zu essen und etwas zum Schlafen haben, besitzen wir doch alles, was wir brauchen. Sie vermitteln nicht das Gefühl, arm zu sein.

31.10.

Heute ist Reformationstag. An der hiesigen Universität fand vor kurzem ein Kongress zum Thema *500 Jahre Reformation* statt. Ich habe mich dabei bei einem eigenen Referat mit der *ausstehenden* Reformation beschäftigt, den vielen Bewegungen, die es in Böhmen und Deutschland gab, welche die Gesellschaft radikal umwälzen, die Ausbeutung abschaffen wollten und dafür eintraten, dass alle Menschen gleich sind. Sie wurden dafür blutig verfolgt, und ein Teil von ihnen wurde selber gewalttätig, aber Gewalt und Radikalität sind zwei unterschiedliche Dinge. Z.B. nahmen die Böhmischen Brüder die Intentionen der Taboriten auf, waren aber selber gewaltlos. Einige von ihnen flüchteten später nach Mähren, von wo aus wieder einige viel später in die Oberlausitz kamen, wo sie eine Zuflucht fanden und die Siedlung Herrnhut gründeten, woraus die Herrnhuter Brüdergemeine entstand, die auf Portugiesisch "Mährische Brüder" heißt. Der Name Herrnhut deutet an, dass aus einer Bewegung, welche den Feudalismus, also das Herrentum ablehnte und zugunsten der Gleichheit aller überwinden wollte, sich dann doch wieder in eine Frömmigkeit gewandelt hat, wo man einem göttlichen Herrn in seelischer Leibeigenschaft dient.

Aber nicht nur die direkte gesellschaftliche Bewegung ist eine ausstehende Reformation, sondern auch die philosophische oder mystische, wie Jakob Böhme (der berühmte Schuster aus Görlitz, ebenfalls der Oberlausitz) sie formulierte, vielleicht einer der ersten Dialektiker, der nicht zuletzt Vorbild für Hegel war, der ähnlich wie Giordano Bruno ein synthetisches Weltbild entwickelte, wo Gott und Welt, Geist und Materie einen spannungsreichen Zusammenhang bilden, wo die Gegensätze und Widersprüche keine Dichotomien bilden, sondern Beziehungen. Bei Böhme ist der Mensch Mikrokosmos und entspricht dem Makrokosmos des Universums, und der Kosmos ist der Leib Gottes. Nach der kopernikanischen Wende war das Weltbild von Himmel und Erde als zweier räumlich getrennter Welten unhaltbar geworden. Während Descartes eine neue und noch krassere Dichotomie erfand, die zwischen Geist und Materie, Subjekt und Objekt ("ich" bin "denkende Sache" [res cogitans], die Materie einschließlich des eigenen Körpers ist "ausgedehnte Sache" [res extensa]), die gemeinhin zur vorherrschenden Denkgewohnheit geworden ist, entwickelten Denker wie Spinoza, aber auch Böhme, ein Weltbild des Zusammenhangs. Eine *Dialektik der Alterität* gehört ebenfalls zur ausstehenden Reformation, wo die innerste Umkehr und das innerste Lebendige mit dem Gesamtzusammenhang der sozialen Beziehungen der Menschen und der Lebewesen der Natur verknüpft ist, wo also die innigste Umkehr mit der Umwälzung aller sozialen Beziehungen zusammenhängt.

Klima (November)

Das Wetter gebärdet sich recht wetterwendisch. Es ist ein paar Tage unerträglich heiß, bald wieder kühl und sehr regnerisch, und sobald dann ein Sonnenstrahl durch die Wolken dringt, gleich wieder drückend heiß. Es scheint keine milde Übergangstemperatur zu geben. An den Tagen, wo es sehr heiß ist, gehe ich gerne des Nachmittags in die Unibibliothek. Nicht nur wegen der Bücher, sondern wegen der Klimaanlage. Dort suche ich den kühlsten Platz, den ich nur finden kann, und lese, von kühlender Luft angeblasen, genüsslich ein Buch.

Politische Barmherzigkeit

Vor kurzem las ich einen Text von Hugo Assmann, wo er sich fragt, warum zu den traditionellen christlichen Werken der Barmherzigkeit neben dem Speisen der Hungrigen, dem Zutrinkengeben den Dürstenden auch das Besuchen der Gefangenen gehöre. Warum soll man sich denn mit den Kriminellen gutstellen? Weil das ganze gesellschaftliche System Armut und Ausschluss produziert und die Verarmten kriminalisiert. Das heißt, selbst diejenigen unter den Armen, welche Delikte begangen haben, sind Opfer des Systems der Exklusion und der Ungerechtigkeit. In den Favelas Brasiliens werden solche "Banditen" sehr schnell und folgenlos von der Polizei erschossen. Die Praxis, sich mit den real und potentiell Kriminalisierten zu solidarisieren, ist also ein Werk der Barmherzigkeit, das alle Werte umkehrt, weil es zugleich die

Gesellschaft der Exklusion denunziert und gegen die normale Geltung, die im Neuen Testament "Gesetz" genannt wird, protestiert. Als ich 2007 eine Gruppe von Mapuche in Chile, in der Stadt Temuco, die wegen Landkonflikten im Gefängnis saßen, dort besuchte, war das demnach ein Akt politischer Karitas, mit anderen Worten christlicher Nächstenliebe.

Als ich den Text eben gelesen hatte, ging ich durch eine Straße in einem favelaähnlichen Stadtviertel in Embu Guaçu, und da sprach mich ein Mann am Straßenrand an, der mich von einem Kneipenbesuch kannte; ich setzte mich zu ihm, und wir unterhielten uns. Er sah elend aus und trank während unserer Unterhaltung Zuckerrohrschnaps. Dafür, dass ich ihm einfach zuhörte und mich an seinem Leben beteiligte, war er mir dankbar und meinte, dass wir Emotionen ausgetauscht hatten. Mich ohne Angst auf eine solche Welt einzulassen, ist, wenngleich es sich nur um einen Moment handelt, auch für mich erlösend, Lebensfülle, politische Karitas, in anderen Worten ein Augenblick der Reformation, innerster Umkehr, welche die gesellschaftlichen Verhältnisse und sozialen Beziehungen umwälzt.

9.11.

Gestern und heute hielt ich in der Fakultät der Religionswissenschaft Referate, heute zum Thema *Dialektik der Alterität*, und gestaltete den Inhalt der Stunde. Claudio, mein einladender Professor, tat eine Äußerung, die mich begeisterte. Er meinte, dass in Kirchen vor ökumenischen Gesprächen gewöhnlich darauf insistiert werde, dass sie zuvor ihre Identität klar hätten. Aber wie könne man ein wirkliches Gespräch führen, wenn man nicht bereit sei, seine Identität zu verlieren? Er hätte Anstoß erregt, als er sagte, dass die Identität erst danach entstehe, zuerst müsse man ins Gespräch gehen.

Das entspricht meiner Erfahrung. Identität ist das Prinzip der Angst. Wenn ich ohne Angst in eine Begegnung gehe, komme ich anders heraus, als ich hineingegangen bin.

November. Besuch im Süden Brasiliens: Santa Maria

19.11.

Mit einem Bus bin ich viele Stunden von São Paulo bis in den Süden Brasiliens gefahren. Im Städtchen Santa Maria besuche ich eine Familie indigener Menschen aus einem Volk, das fast verschwunden war und bis vor kurzem als ausgestorben galt.

Die Sonne scheint strahlend und heiß, es ist Frühling auf der Südhalbkugel.

Heute besuche ich einen Markt der Solidarischen Ökonomie im Zentrum der Stadt. Viele Kleinbauern und Privatleute verkaufen hier aus eigenem, oft alternativem, kreativem, organischem Anbau. Es geht um die Solidarität mit diesen kleinen Leuten, die sonst keine oder schlechtere Chancen auf dem Markt hätten.

Gerade finden auch Vorträge und Diskussionen im Rahmen einer Veranstaltung mit einer Gruppe statt, die von einer Universität an der Grenze zu Argentinien hier zu Besuch ist. Aus der Sicht der Vortragenden handelt es sich bewusst um eine Alternative zum Kapitalismus und zum großen Agrargeschäft der Monokulturen. Dieser Markt der Solidarischen Ökonomie fördert das Gemeinschaftliche und die Autonomie der kleinen Leute und Initiativen. Es geht um das *Bem Viver*, d.h. auf indigene Praxis zurückgehende Konzepte des guten Leben der Menschen in Beziehung zur Erde. Eine Frau mit Leitungsfunktion im Markt sagt, dass dieses gute Leben allen Menschen zugänglich sein solle, ohne Ausschluss. Das Ziel ist es, mit kleinen Schritten und Initiativen die Welt zu verändern.

Ein Mann, mit dem ich rede, erhielt eines Tages die Diagnose Diabetes; daraufhin suchten er und seine Frau Alternativen zum

Zuckergebäck, und seine Frau erfand dieses leckere Gebäck ohne Zuckerzusatz und teilweise mit natürlichem Süßstoff, von dem ich gerade kosten darf.

Eine Frau erzählt, dass ihre Arbeit früher Sklaverei gewesen sei; und seit sie mit der solidarischen Ökonomie angefangen habe, sei sie frei und glücklich, selbst wenn sie früh um vier Uhr zu arbeiten beginne.

Meine indigene Gastgeberin, die ebenfalls im Markt verkauft, erzählt mir dagegen später, dass bei der sogenannten solidarischen Ökonomie nichts solidarisch zugehe, es werde viel Schönes geredet, aber die Praxis sei von festgefahrenen Privilegien und Benachteiligungen, sozialer Ungleichheit und Strukturen der Herrschaft geprägt, und die Ärmeren und Schwächeren werden ausgegrenzt. Sie ist wütend, hat schlechte Erfahrungen gemacht und lässt kein gutes Haar an der Organisation der solidarischen Ökonomie.

Am Nachmittag besuchen sie und ich ein Dorf der *Kaingang*, eine indigene Siedlung, die sich seit einigen Jahren beim Busbahnhof von Santa Maria befindet. Das Dorf besteht aus Holzhütten; die Leute haben das Land vor fünf Jahren besetzt und leben seitdem dort. Es läuft gerade ein juristischer Prozess der sogenannten Regulierung, d.h. der rechtlichen Anerkennung. Sie haben ein klein wenig Land, wo sie etwas Landwirtschaft betreiben, was aber wegen der schlechten Bodenqualität nicht mehr geht. Wir unterhielten uns mit dem Chef des Dorfes, dem *Cacique*, neben seinem Haus, manchmal kamen seine Frau und seine Kinder hinzu. Die Leute der Siedlung leben von Kunsthandwerk. Sie stellen u.a. Körbe in Form von Tieren her. Vom Verkauf leben sie halbwegs. Eine Kaingangfrau von hier hat heute vormittag ebenfalls bei der solidarischen Ökonomie verkauft. Sie verkaufen um zu überleben.

Ich kaufe einen hennenförmigen Korb. Meine Gastgeberin meint danach, dass der Kauf sehr wichtig und gut war, dass der Cacique daraufhin aufgeschlossener wurde, denn es gehe um geben und nehmen, und wie er mir durch das Gespräch etwas gab, habe auch ich ihm etwas gegeben. So hat das ökonomische Geben die Bedeutung sozialer Resonanz.

20.11.

Meine indigene Gastgeberin erzählt mir, dass sie die *Uhr* als Prinzip und Zeitregulation nicht mag; sie mache Stress, zwinge zu fremdbestimmtem Einhalten von Zeitpunkten, z.B. zur Arbeit aufzubrechen; auch viele andere Indigene mögen die Stadt nicht wegen der Uhr. Auf dem Lande machen sie alles, wann sie wollen: aufstehen, waschen, essen, arbeiten. Außerdem brauchen sie auf dem Lande keine Rechnungen zu bezahlen wie Strom, Telefon, Steuern, Wasser.

Weiter erzählt sie, dass es bis in die 80er Jahre hinein Diskriminierung gegeben habe, teilweise bis heute. Daher wollten viele Indigene nicht zugeben, solche zu sein. So ihr Vater. Auch ihre Schwestern. Die *Scha'uá* hätten als verschwunden gegolten, nachdem unvorstellbar viele ermordet worden waren. (Ähnliches erzählte mir auch gestern ein Lehrer von der Universität an der argentinischen Grenze.) Es war nicht bekannt, dass es Überlebende gab.

Bei den Indigenen, so erzählt sie weiter, besitzen die Männer Anerkennung und haben eine Stimme, die Frauen nicht; die Männer sitzen herum und geben Anweisungen, die Frauen seien zum Kinderaufziehen und Arbeiten da; die Frauen sollen nicht denken, sondern nur die Männer. Wenn die Frauen nicht gehorchen, schlagen die Männer sie. Sie habe gestern beobachtet, wie der Cacique ein Mädchen nur angeblickt habe und sie den Ort verließ – aus Angst.

Nachmittag des 20.11.

Es findet ein großer Markt auf der Straße mit Verkauf von Kunsthandwerk statt.

Bei einem Gespräch mit einem von den Tupi-Guarani abstammenden Mann, der wegen eines Unfalls im Rollstuhl sitzt, erzähle ich von meinen Erfahrungen in verschiedenen Ländern, auch von der DDR-Zeit, Widersprüchen vor und nach der Grenzöffnung 1989, und dass mich die indigenen Völker wegen alternativer Erfahrungen, Denk- und Lebensweisen interessierten, auch bezogen auf die Erfahrungen der Wende und möglicher Alternativen zum Kapitalismus. Darauf begann er, von indigenen Werten, Haltungen und Lebensweisen zu erzählen, wie dass die Menschen indigener Kulturen mehr im Augenblick leben und sich nicht an Dinge oder Gegenstände halten. Er meinte, das die Menschen im *Grand Canyon* in den USA an der Schlucht Musik spielten, und dass erst die Kolonisatoren große Gebäude bauten. *Sie betrachteten eher, als dass sie bauten.* Ich verstand ihn so, dass sie, die Indigenen, dieselbe Zeit, Energie und Wertschätzung, welche die westliche und kapitalistische Kultur zum *Konstruieren,* zu ergebnisorientierten Arbeiten ausgibt, zum *Betrachten,* zum Wahrnehmen des Lebens im Moment, im Augenblick, in der gegebenen Situation verwenden. Die Politik als leitende soziale Beziehung ist radikal anders. – Paradoxerweise bringt gerade dies Ergebnisse für die Zukunft. Für ihn sei das Gespräch mit mir, wie er sagte, von großer Bedeutung, er werde sich später an den Erfahrungsaustausch erinnern. Gelebtes Leben ist also immer Reproduktion, schließe ich daraus, jenseits der Dichotomie in billiges Leben und teure Arbeit, und die 'kapitalistische' Alternative, wo man das Leben dem Ergebnis opfert (dem Konstruieren), eine Falle. Und ich lerne daraus für meine Forschung mit indigenen Völkern, dass ich nur dann nützliche Ergebnisse im Gespräch erhalten kann, wenn ich nicht das Leben (Resonanz) dem Nutzen (Heterotrophie) unterordne, sondern den Nutzen einbette in den Sinnzusammenhang des Gesprächs, des Engagements, des gelebten und verausgabten Lebens, des Teilens, des mich zur Disposition Stellens (Zitat Wolfgang Jantzen), des gemeinsam die Grenze Bewohnens (Zitat Walter Mignolo), wo ich den Elfenbeinturm verlasse und die Distanz zum Anderen verschwindet.

21.11.

Die indigene Gastgeberin und ich fuhren zu einem Dorf der Guarani bei Santa Maria. Nach einem Stück Busfahrt wanderten wir eine Stunde zu Fuß bei starker Hitze und Sonnenschein. Auf dem Weg lud uns ein Bauer, ein *Gaucho*, der in einem von einem Pferd gezogenen Wagen vorüberkam, in sein Haus, eine Holzhütte, ein. Er lebt ganz gut von der Landwirtschaft.

Als wir wieder auf dem Weg waren, trafen wir J., einen jungen und ziemlich betrunkenen Guarani, mit dem wir zusammen bis ins Dorf gingen. Dort luden uns einige Leute ein, uns auf Holzbänke zu setzen. Sie redeten wenig, da sie untereinander Guarani sprechen und nicht viel Portugiesisch wissen. Sie boten uns geschnitzte Tierfiguren zum Verkauf an. J. führte uns zum Haus seiner Verwandten, die meiner Gastgeberin eine filigrane Halskette verkaufte, und dann zum Haus seiner Mutter, dem einzigen aus Lehm und Stroh gebauten Haus, das sehr schön ist. Sie luden uns zum Pfeiferauchen ein; ich verstand aber erst danach, dass es eine Art Segen und Reinigung ist, man saugt Rauch mit dem Mund und bläst ihn ins eigene Gesicht. J. ließ sich mit seiner Mutter und meiner Begleiterin vor deren Haus für einen Geldbetrag fotografieren.

Dann nahm uns jemand mit dem Auto auf dem Rückweg mit. J., der mit meiner Gastgeberin hinten im Auto saß, belästigte sie sexuell, umarmte sie, berührte sie an Hintern und Busen, war laut und aggressiv und danach sichtlich sauer, allein aussteigen zu müssen. Meine Gastgeberin fand es unfreundlich, dass die Guaranis uns nicht zum Essen einluden, stattdessen wollten sie nur Geld und verkauften teuer. Ein Freund aus Aramitan würde sagen, sie sind Kapitalisten. Trotzdem erschien mir J.s Mutter, wie sie am Baum saß und ihre Zahnlücken sehen ließ, als eine charmante schöne alte Frau, wie aus einer urtümlichen, anderen Welt.

Das Gesetz der Gabe lautet, so meine Gastgeberin: fordere nicht von der Welt, sondern gib; wenn du gibst, kommt noch mehr zurück.

Gott sei nach dem Glauben indigener Völker die Natur, die Welt, die Erde.

Nach einer 18stündigen Busfahrt landete ich wieder im gewohnten São Paulo.

6.12.

Mit Gift vermischte Liebe

Neulich besuchte ich wieder die Familie, die am Rande des Städtchens Embu Guaçu lebt. Sie wohnten bis vor kurzem in einem Haus, dessen Wände z.T. nur aus Textilien und anderen improvisierten Materialien bestehen, jetzt sind sie umgezogen in ein Häuschen aus Stein, das mit anderen Hütten zusammengebaut ist und sich direkt an einem kleinen Flüsschen befindet. Auf dem Hinweg, an einer versteckten Drogenverkaufsstelle vorübergehend, sah ich, wie Polizisten zwei Menschen, die offenbar afrikanischer Herkunft sind, festnahmen und mit vorgehaltenem Gewehr durchsuchten oder ausfragten. In diesen favelaartigen Gebieten der "Peripherie" werden Menschen schnell als "Bandidos" bezeichnet, und nach verschiedenen Berichten erschießt die Polizei ohne Folgen viele Menschen unter Angabe falscher Tatsachen. Zu den Personen der Familie, die ich besuchte, ist der Internetkontakt abgebrochen. Sie bezahlten letztens die Rechnung nicht und haben daher keine Internetverbindung. Wenn wir so viel Geld haben, dass wir entweder genug zu essen oder Internet haben, dann entscheiden wir uns für das Essen, sagten sie mir. Dann ging ich mit ihnen mit in eine Pfingstkirche, von der die eine Person der Familie plötzlich ganz begeistert ist und sagt, dass sie erlebt, dass Gott existiert. Ich sagte mir, ein bisschen muss ich mich darauf einlassen, um zu verstehen, was hier los ist, warum so viele Leute auf diese Art von Frömmigkeit, die mir unverständlich ist, die mich jedenfalls nicht lockt, "hereinfallen", warum sie wie aus dem Nichts in eine andere Art zu leben geraten. Die Stimmung im Gottesdienst war blendend, sie sangen laut und begeistert Lieder, z.T. mit elektronischen Rhythmen verstärkt, redeten bekennend von sich, beteten mit lauter Stimme, indem einige immer mehr in Begeisterung gerieten, manche zugleich mit zerknirschten Gesichtsausdruck. Sie äußerten ein Gefühl des Perfekten, des Absoluten, des Strahlenden, des Unhinterfragbaren, das wo es nichts besseres gibt oder geben kann, so wie wenn jemand bis ins Äußerste verliebt ist. Ein Redner, Presbyter der Kirche, redete u.a. über Gott, über den er viel zu wissen schien, und über den Teufel. Er zitierte auch, dass Jesus der Weg, die Wahrheit und das Leben sei und niemand anders zum Vater als durch ihn komme. Wir sangen in einem Lied, dass wir durch Jesu Blut erlöst wurden. Eine Frau redete, dass Glaube Angst bedeute, Angst bedeute Gehorsam, und am Ende sei sie dadurch zu einem Leben ohne Angst gekommen. Sie habe entdeckt, dass sie aus diesem Leben herausgehen müsse, "ihr alle kennt mich wie ich war", jetzt sei alles anders. Sie sei früher auf Abwege gekommen, auch sei sie immer sehr einsam gewesen, und jetzt ist sie dass nicht mehr, sobald sie tut, was Gott will.

Ist Religion Opium des Volkes und der Aufschrei der gequälten Kreatur? Die Person, die zum Schluss von sich sprach, war einsam, weil die ganze Bevölkerung sozial marginalisiert ist, und sie hatte allen Grund, ein Leben der Rebellion und des Suchens eigener Wege zu führen, aber jetzt ist eine Hälfte des Lebens mit Hilfe der Droge Religion lahmgelegt, ausgegrenzt und als "sündig" abgewertet...

Ist nicht der "Gesamtzusammenhang" der Wirklichkeit, von dem Friedrich Engels spricht, zugleich der Gott, von dem Jakob Böhme schrieb, und wie dieser sagte, der Mensch ein Mikrokosmos, welcher dem Makrokosmos, dem "Leib Gottes", entspricht? Und in Analogie zu den Feuerbachthesen von Marx, dass alle sozialen Verhältnisse umkehrbar, reziprok sind, dass z.B. der Schüler gegenüber dem Lehrer auch Lehrer ist und umgekehrt, wäre selbst der "kleinste" Mensch gegenüber dem Gesamtzusammenhang wiederum Gott.

13.12.

Auf dem Wege zur Adresse in Embu Guaçu war ich im Bus eingeschlafen und hatte die Stelle zum Aussteigen verpasst. Ich musste ein längeres Stück zu Fuß gehen. Aber manchmal wird der Fehler zum Glück. Auf dem Wege erinnerte ich mich an ein afrobrasilianisches Kulturzentrum, an das ich lange nicht mehr gedacht hatte, und ging dort hin, um nach Veranstaltungen oder Treffen zu fragen. Die Person, die mir öffnete, lud mich zum nächsten Sonntag ein. So ging ich denn am kommenden Sonntag hin. Eine Gruppe von Menschen tanzte zu einer Trommelmusik, und jemand erklärte mir, dass sie die Orixas lobten, einen nach dem anderen. Das sind in ihrer Vorstellung Wesen zwischen Menschen und Gott, es sind die Ahnen; es sind auch Wesen, die eine Verbindung zwischen bestimmten menschlichen Kräften und Prozessen der Natur symbolisieren. Die Musik und die Bewegung gingen mir unter die Haut.

Dann luden sie mich mit zum Essen ein. Es waren zufällig noch zwei Personen von außerhalb anwesend, welche die afrikanischen Bräuche kennenlernen wollten. Während sie sich mit dem Priester unterhielten, erzählte dieser, dass er bei bestimmten Gelegenheiten die Orixas zu bestimmten Anlässen befrage, und dass sie ihm antworten. Ich fragte danach, wie sie kommunizieren. Daraufhin wollte er es uns zeigen. Er begann mit Hilfe seiner Leute eine weitere Zeremonie durchzuführen, bei welcher er bestimmte Samen aus Afrika öffnete und etwas mit den Innereien anstellte, was ich nicht verstand, dazwischen sprach er immer wieder so etwas wie Gebete in einer alten afrikanischen Sprache, sagte, dass er mehrere Orixas befragte, ob dieser Abend gut gelinge. Mit dem Inhalt der Samen schien er auf irgendeine Weise wie beim Kaffeelesen die Antwort der Orixas zu ergründen. Schließlich antworteten ihm einer und dann ein anderer Orixa, der Abend sei gut, und sie sprachen auch gut über den ersten eingeladenen Gast. Schließlich sollten wir alle je eine Portion vom Inhalt der Samen in den Mund nehmen und kauen, ohne die festen Bestandteile herunterzuschlucken. Dieser Inhalt war scharf, und es entstand ein starker Speichelfluss. Dieser Speichelfluss war, so hieß es, der direkte Kontakt mit den Orixas, durch den sie mit uns sprachen. Danach erhielten wir jeweils einen Becher Schnaps, um alles herunterzuschlucken; das war der Abschluss der Unterredung mit den Orixas. Sie sangen einige Lieder in der überlieferten afrikanischen Sprache und übersetzten sie uns. Das eine lautete, dass wir Anwesenden ein menschliches, soziales Band zwischen uns schafften, das nie mehr zerreißen werde.

Während dieser ganzen Zeit wütete draußen ein heftiges Gewitter, der Regen prasselte laut auf das Wellblechdach, und Donner und Blitze gingen nieder.

Im Anschluss, das Gewitter war schon leiser geworden, luden sie uns Gäste mit ein zu tanzen. Noch einmal begann eine laute Trommelmusik, starke Rhythmen, es kam zu wilden Tänzen, dann umarmten alle einander, auch mit uns Gästen, als ob wir zur Familie gehörten, sie luden uns ein wieder zu kommen. Wir verabschieden uns in großer Herzlichkeit und gingen nach Hause.

Obwohl es einige Passagen gab, die mir sehr abergläubisch vorkamen, fühlte ich mich an diesem Abend erheblich wohler als eine Woche zuvor in der Pfingstkirche.

Weihnachten 2016

Zu Weihnachten war ich zusammen mit Freunden bei einer Familie in einer Favela am Stadtrand von Embu Guaçu eingeladen. Die Menschen leben hier in großer Armut. Aber ich traf auf eine einfache und liebevolle Atmosphäre. Hier kann ich das Jesus-Wort verstehen "Glücklich die Armen". Und das, obwohl es den Leuten eigentlich viel schlechter geht als in reicheren Schichten. Wir unterhielten uns, grillten, aßen, machten stundenlang Musik (Flöte,

Gitarre, Trommel). Immer wieder kamen Gäste, Verwandte und Freunde der Familie. Eine Frau nervte mich, die ständig rauchte. Ihre Tochter war vor wenigen Monaten an einer Überdosis von Drogen gestorben. Deren Tochter wiederum, ein vierjähriges Mädchen, ist meistens bei derselben Familie, die uns hier eingeladen hat. Um Mitternacht hörte ich Feuerwerk wie zu Silvester, die Leute wünschten sich Frohe Weihnachten und umarmten einander. Wir gingen hinaus ins Stadtviertel und trafen auf der Straße viele andere Leute, die sich gegenseitig kannten und begrüßten – ein Menschengewimmel in familiärer Herzlichkeit. Das war die Weihnachtsnacht in einem der ärmsten Viertel des Ortes.

2017

18.1.

Neulich begab ich mich wieder zur Chorinho-Musikgruppe, welche jeden Samstag in São Paulo musiziert, und spielte stundenlang mit, bis ich in der Musik zu fließen begann. Darauf fuhr ich mit einem Bus in die nahegelegene Stadt Campinas. Dort holte mich ein Freund ab, der mich zu einem *Candomblé*, der Feier einer religiösen Praxis eingeladen hatte, die in Brasilien in den vergangenen Jahrhunderten durch afrikanische Sklaven entstanden ist. Es waren viele Gäste da, weil diesmal auch die "Mutter des Heiligen", die Leiterin dieser Candomblé-Gemeinschaft, ein Fest feierte. Es sollte um 20.00 Uhr beginnen, begann erst nach 21.00, als alle Gäste eingetroffen waren. Draußen regnete es, drinnen, wo die Feier stattfand, war es noch heiß und blieb es auch wegen der vielen Menschen. Bei dieser Zeremonie werden alle 16 *Orixas*, Wesen zwischen Mensch und Gott, auch zwischen Mensch und Natur, besungen, betrommelt und betanzt. Wir Gäste saßen auf Stühlen. Die aktiv Beteiligten waren weiß, später bunt bekleidet. Eine Frau erklärte zu

Anfang etwas zu einem der Orixas, um den es diesmal besonders ging, und sagte, dass er mit dem Regen, der Fruchtbarkeit, der Freude des Herzens, der Klarheit des Geistes und mit der Solidarität untereinander zu tun habe. Dann tanzten sie und sangen laut, ab und zu hörte ich Ausrufe, die ganze Zeit spielten einige, meistens drei, Personen Trommelrhythmen. Immer wieder gab es zwischendurch Pausen mit Gesprächen und Imbissen, und die ganze Veranstaltung zog sich über Stunden hin, bis gegen 3.00 Uhr des Morgens.

Zwischendurch dachte ich darüber nach, was diese Orixas sein mögen. Sind es nur Hirngespinste? Oder was sind sie, wenn sie real existieren? Können Götter oder Gott existieren, wenn jedes Volk und jede Gruppe eine andere Vorstellung davon hat? Sind es nicht alles historische Erfindungen? Die Orixas befinden sich wie gesagt sowohl zwischen Menschen und Gott, als auch enthalten sie – jeweils bestimmte – menschliche Eigenschaften und Kräfte, sowie Eigenschaften und Energien der Natur, z.B. des Regens oder der Fruchtbarkeit. Diese Dinge sind miteinander verknüpft. Ich vermute, dass es Resonanzen sind, die real existieren, und die durchaus in unterschiedlichen Kulturen verschieden sein können, ohne dass das gegen die Wirklichkeit spricht. Ich fragte einen, ob er etwas von den Orixas erlebt, und er antwortete mir, dass er die je unterschiedlichen Energien beim Tanzen spüre. Jede Zelle hat eine Innenseite, ein Subjektives. Wenn die Einzeller sich zusammenschließen und allmählich Mehrzeller bilden, dann ensteht durch die gemeinsamen Interaktionen eine übergreifende Subjektivität, die dem ganzen Mehrzeller zukommt. Wenn mehrere Menschen sich zusammenschließen in Liebe, Freundschaft, Gemeinschaften, usw., wo u.a. gemeinsame Rhythmen und Musik eine Rolle spielen, bildet sich ebenfalls eine übergreifende Subjektivität, die wir u.U. Gott nennen. Alle Interaktionen und Begegnungen zwischen Menschen und womöglich zwischen allen Subjekten des Kosmos zusammen begründen möglicherweise Gott. Gott ist also unvollkommen und lernt. (Das würde zu den großen synthetischen Philosophien nach der Kopernikanischen Wende passen wie Jakob

Böhme, Giordano Bruno, Spinoza, bevor die Philosophie von De-
cartes die Kopernikanische Wende gewissermaßen rückgängig
gemacht hat.) Wenn bestimmte Bereiche des Subjektseins von
Menschen einer Gruppe mit bestimmten Kräften von Pflanzen oder
Tieren oder anderer Erscheinungen der Natur, denen ebenfalls
Subjektivität zukommen muss, in Resonanz gehen, dann bilden
sich auch da spezifische übergreifende Subjektivitäten, wie eben
die Orixas. Sie werden durch die Tänze, das Singen, das Trommeln
am Leben erhalten. Menschen lieben diese Erfahrungen, die
übergreifend sind und die Sinnhaftigkeit des Lebens erweitern, die
sowohl das eigene Leben, als auch die Verbundenheit der Menschen untereinander und mit anderen Lebenwesen bestärken. Sie
dürften der Ausbeutung und Unterdrückung entgegengesetzt sein
und haben Jahrhunderte der Sklaverei überdauert.

Nach dem Candomblé wurden wir alle zum Essen eingeladen.
Wir saßen noch einige Stunden zusammen. Früh halb sechs fuhr
ich mit dem nächsten Bus nach São Paulo zurück, von da brauchte
ich 3 Stunden bis Embu Guaçu. Dort luden mich Freunde zum
Grillen ein, und den ganzen Tag über aßen wir und tranken Bier.
Am andern Morgen stand ich vor 6 Uhr auf und rannte zweieinhalb Stunden auf der Eisenbahnschiene – so zeitig, weil es später
am Tag viel zu heiß wäre – um die durch das Feiern angereicherte
potentielle Energie wieder abzubauen.

Januar 2017

Begegnungen

Anfang des Jahres war eine Freudin aus Berlin zu Besuch in der
Organisation Aramitan. An einem Abend gingen wir in eine Bar in
Embu Guaçu und trafen dort auf das übliche Chaos, Leute die durcheinander Bier und Schnaps trinken, tanzen, laute Musik machen,
sich freuen oder auch sich betäuben. Alt und jung sind gemischt.
Vielen Menschen, die im mittleren Alter sind oder auch etwas älter,
fehlen Zähne im Mund. Immer wieder treffe ich Leute, die schon

Großeltern sind, mir aber recht jung zu sein scheinen, vielleicht um die 40. Ein älteres Paar tauchte gelegentlich auf, die mir zwar nicht uralt aussehen, aber bereits Urgroßeltern sind. An jenem Abend mit der Freundin aus Berlin, die – blond und eher von blasser Hautfarbe, gerade aus dem Winter kommend, – schon optisch unter den dunklerhäutigen Menschen mit meist schwarzen Haaren auffiel, redete uns ein verrunzelter Mann begeistert an, sprach viel, was ich nur teilweise verstand; aber so viel verstand ich, dass er bewegt und uns dankbar dafür war, dass wir uns in seine elende, arme, einfache Lebenswelt begeben und uns, obwohl wir aus Deutschland kommen, mit ihm unterhalten.

Noch einmal fuhr ich zu einem indigenen Dorf, *Tenonde*, wo Menschen der Gruppe Mbyá wohnen, die Guarani sprechen. Ein Mann, der mich eingeladen hatte wiederzukommen, war nicht zu finden; aber eine Frau erzählte mir etwas von dem Respekt gegenüber der Natur, dass jeder Baum und jedes Tier nach ihren Vorstellungen ihren "dono" habe, und dass sie dies sehr respektieren. "Dono" wäre übersetzt "Hausherr" oder "Verantwortlicher". Also ein Geist oder Subjekt, das sich um diese Wesen kümmert. Und sie meinte, dass die "Weißen" so handeln oder so denken, als ob die Natur niemals zu Ende ginge und man sie ohne Grenzen ausbeuten könnte.

Und ich dachte auf dem Rückweg darüber nach, warum ich in indigene Dörfer, Favelas usw. fahre. Es liegt letztlich daran, dass ich Nähe suche zu anderen Menschen, gern verbunden sein möchte, und dass ich bei abgelegenen oder ausgegrenzten Bereichen des Sozialen und des Lebens eine Resonanz finde, die ich in der definierten Normalität der Gesellschaft der Mittelschicht kaum erlebe. Eigentlich können nur die tiefsten Bedürfnisse Grundlage der Ethik sein; ich bin z.B. Antirassist, weil ich ein Bedürfnis nach den anderen Menschen habe. Ethik kann nicht im Gegensatz zu den innigsten Bedürfnissen stehen.

16.3.

Die vergangenen Tage unalltäglicher Alltäglichkeit

Am letzten Wochenende beschnitt ich am obersten Streifen der Außenmauer des Geländes von Aramitan eine Kletterpflanze, welche dort seit über einem Jahr wucherte; es hatte sie niemand beschneiden können, weil es keine Leiter gab, die lang genug wäre. Jetzt hatten wir eine Leiter, und ich musste über meinem Kopf mit einer Gartenschere dicke Zweige abschneiden. Vor einer knappen Woche hatte ich nach einer ähnlichen Arbeit vier Tage lang Muskelkater gehabt.

Am nächsten Tag gab ich einer Person aus einer Favela in Embu Guaçu Querflötenunterricht. Am selben Wochenende analysierten wir – wie jeden Monat einmal – das Wasser eines nahegelegenen Baches, um mit chemischen Analysen (PH-Wert, Phosphor, Stickstoff usw.) und weiteren Beobachtungen (wie ob Fische zu sehen sind, ob viel Müll herumliegt, u.a.) Informationen für die Organisation "SOS-Mata Atlântica" zu geben, einer Umweltorganisation, die zur Situation der Flüsse im Raum São Paulo arbeitet, und die durch viele kleinere Organisationen wie Aramitan ein flächendeckendes Bild des Gebietes erhält.

Dann war ich wieder bei der methodistischen Universität; dort fand ein zweitägiger Kongress statt, den der Professor des Bereiches, wo ich die Forschungstätigkeit durchführe, organisierte. Der Kongress handelte über heutige Spiritualität, religiöse Pluralität und Dialog. Da waren sehr interessante Professoren von Universitäten und auch Personen aus praktischer Arbeit wie dem Bereich der Menschenrechte und der Anerkennung religiöser Vielfalt zugegen. In Brasilien gibt es allgemein sehr viel mehr Religion als in Deutschland. Die Befreiungstheologie, an der dieser Kongress orientiert war, geht in der Bevölkerung eher zurück, viele Pfingstkirchen nehmen zu, und außerdem finden sich indigene Spiritualität und afrobrasilianische Religionen, die wiederum bei den großen

Kirchen schlecht angesehen sind und teilweise wie unter den ersten Missionaren als teuflisch angesehen werden.

Dieses Seminar war sehr anregend und interessant. Am zweiten Tag hatte ich mein Referat zu halten, ich war der letzte. Am Vortag war es mir schon nicht sehr gut gegangen, weil das eine Ohr ganz und das andere halb verstopft war und juckte, vielleicht ein Rest von Infekten, und es erinnerte mich an meine Kindheit. So ging ich am zweiten Seminartag nicht zum Seminar, sondern zum Ohrenarzt, der spülte den Ohrenschmalz heraus und gab mir Ohrentropfen, und damit fühlte ich mich wieder so gut, dass ich doch noch am letzten Teil des Seminars teilnahm und mein Referat gab, wo es um Gabe und Tausch geht, im Vergleich zwischen indigenen Völkern und der westlichen Gesellschaft, v.a. um die Bedeutung des gegenseitigen Gebens in Gesellschaften ohne Privateigentum – im Vergleich zu Gesellschaften mit Privateigentum.

Zum Publikum gehörten vor allem Personen, die Religionswissenschaften und ähnliche Themen, aber auch Gebiete wie Menschenrechte studieren und sich damit befassen. Von der Universität selber kamen nicht allzu viele Leute, weil das Studium so verschult ist, dass die Studierenden an ihren Seminaren teilnehmen müssen und nicht fehlen dürfen. So viel zur "verordneten Dummheit"...

Nach dem Seminar holte ich meine Querflöte ab, die der Mann einer Sekretärin überholt hat. Sie ist in einem sehr guten Zustand, und ich spielte am Abend mit der erneuerten Flöte und den wieder geöffneten Ohren Bach und Chorinhos.

Aus meiner täglichen Lektüre brasilianischer Dichtung, übersetze ich heute einmal ins Deutsche:

Solano Trindade

Meine zärtlich Geliebten

Ich will mich in Zärtlichkeit entfalten

da ich keine Kräfte habe

auszurotten die Kriege

den Schmerz, das Elend, den Hunger...

da ich leben muss bei

der Lüge, der Heuchelei

der Mittelmäßigkeit...

da ich nichts weiter bin

als ein Dichter

der keine Macht hat

jenseits der Liebe

der nichts anderes kann als lieben...

Ich will umarmen

meine Geliebten

will sie zärtlich küssen

fühlen ihre Augen, ihre Brüste

und vergessen dass es einen Krieg in Vietnam gibt

ungerechten Krieg gegen ein hungerndes Volk

das für die Freiheit kämpft!

29.3.

In der letzten Zeit hat mich die Chorinho-Musik nicht immer sehr tief bewegt, ab und zu dachte ich, dass sie mir bald langweilig werden könnte, weil es immer dieselben Lieder sind. Aber dann gibt es Augenblicke, Zeiten, „Kairos", wie man auf Altgriechisch sagte, wo mich die Musik abgrundtief ergreift, und ich weiß nicht einmal warum. Beim Hören wie beim selber Spielen. Es geht über Stunden wie ein Strom, der ununterbrochen weiterfließt. So etwas „Folklore" oder „populär" zu nennen kommt mir abfällig vor, ähnlich abwertend wie das Wort „Eingeborene"; das ist verniedlichend, und hinter der Verniedlichung unsichtbar machend. Etwa wie Adorno das Lachen gewisser Neigungen der okzidentalen Kultur beschreibt als „Waffe der Konvention gegen das unerfaßte Leben, gegen die Spuren eines nicht ganz domestizierten Natürlichen" (Negative Dialektik). In Brasilien wiederum wird viel gelacht, mehr als in Europa, aber es ist naiver, ein Lachen von innen heraus, wie beispielsweise das Lachen von Favela-Bewohnern über ihr eigenes Faveladasein... Einer der Mitspieler beim Chorinho, der dick und unförmig aussieht, womöglich auch körperlich behindert ist, ist einer der lebendigsten, macht zwischendurch Späße, spielt schiefe Töne hinein, die treffsicher passen, und er spielt fast alle Instrumente des Choro meisterhaft, dass ich immer wieder verblüfft bin, wie das Cavaqinho (kleine Gitarre mit vier Saiten), die normale und die siebensaitige Gitarre und das Pandeiro (Trommel). Bei solchen Stunden denke ich wieder, dass diese Musik zum Besten gehört, was es auf dieser Welt oder in diesem Leben überhaupt gibt.

Das war vor einer Woche. Die Sonne schien eben noch durchs Fenster ins Flugzeug, jetzt ist sie untergegangen, der Himmel wird dunkler, die hauchschmale Mondsichel – kurz nach Neumond – leuchtet schwach am Horizont; noch fliegen wir über Brasilien, gleich geht es durch die Nacht übers Meer; in der Dämmerung verlassen wir Brasiliens Küste.

Noch sind mir die griechischen Worte Ex-ousia und Dynamis im Sinne. Beide bedeuten Macht, oder auch, würde ich hinzufügen, potentielle Energie. Denn was ist Macht anderes denn potentielle Energie. Seit über 10 Jahren lese ich das Neue Testament im Originaltext mit Übersetzungen, und vor kurzem begann ich mit der Apostelgeschichte. Da fragen die Jünger den auferstandenen Jesus, ob jetzt die Zeit gekommen sei, dass das Königtum über Israel wiederhergestellt werde, und Jesus antwortet, es sei nicht an ihnen, die Zeiten und den Kairos zu kennen, die der Vater in seiner abgesonderten Ex-ousia, d.h. seiner Vollmacht, setze, dass aber der Heilige Geist kommen und ihnen Dynamis geben werde. Wie anders klingt das als die Stellen der Evangelien, wie bei Matthäus, wo ein einfacher Mann aus dem Volk namens Jesus handelte und redete wie einer, der Ex-ousia hat. Der damit Anstoß erregte bei den Autoritäten, die sich dies nicht zutrauten und weder sich selber noch anderen gönnen wollten. Das war Empowerment, Ermächtigung. Der Anfang der Apostelgeschichte ist dagegen diesbezüglich ein totales Desempowerment. Da wird alles Befreiende zurückgenommen. Die Schüler (Jünger) werden abgespeist mit einer kleinen Portion an Dynamis, Macht (potentieller Energie), wie ein Dackel an der Leine. Die Bibel ist ein Mischmasch aus Herrschaftsreligion, welche die Unterdrückung zementiert, mit Befreiendem, wobei die Endredaktion eher den zementierenden Charakter festklopft. Zu keiner Zeit wollen die Machthaber, dass der Mensch als solcher, der „Sohn des Menschen", der „Christus", der Mensch als Gattungswesen, sich ermächtige, aus „Vollmacht" handele und rede. Hinzuzufügen wäre noch, dass der Mensch nicht nur Sohn und Tochter des Menschen und Gattungswesen, sondern dass die Macht Resultat der sozialen Beziehungen einschließlich der Beziehungen zwischen Natur und Mensch ist. Der Mensch ist also auch Sohn und Tochter der Natur; und überdies ist nicht nur der Mensch (Beispiel Jesus) Gott, sondern Gott (der Inbegriff der potentiellen Energie) ist der Gesamtzusammenhang aller sozialen Beziehungen, welche auch diejenigen mit der Natur umfassen. Es könnte also stimmen, dass Gott die Liebe sei.

Ein Buch der Philosophie (Hans Heinz Holz) brachte mich neulich darauf, dass Revolution eigentlich und ursprünglich, so wie dieses Wort von Kopernikus bis 1789 verstanden wurde, nicht Bruch heißt, sondern Drehung, Bewegung. Das alte Weltbild des Statischen wurde erschüttert durch das Bewusstsein, dass das Fundament, die Erde, sich dreht, einmal um sich selber und dann um die Sonne. Wenn ebenso auch Machtstrukturen sich drehen und sich bewegen, dann mag das aus der Perspektive der Herrschaft, die sich für statisch oder für ewig hält, ein Bruch sein, aber es handelt sich doch nur um fließende Bewegung und Erneuerung. So müsste die Marxsche Vorstellung „gesellschaftlicher Umwälzungen" verstehbar sein, eben als humane Praxis, Bewegung, Umkehrung. Dazu fällt mir die Bachsche Fuge ein: Wenn ich der ersten Fuge aus der „Kunst der Fuge" oder der sechsstimmigen Fuge, dem Ricercar, aus dem „Musikalischen Opfer" zuhöre, und wenn die letzte und tiefste Stimme mit dem Thema einsetzt, demselben Thema wie zuvor die anderen Stimmen auch, dann konnte ich mir bisher nicht den tiefen Eindruck erklären. Es liegt, scheint mir, an der Revolution. Das Fundament selber ist nicht statisch, sondern in Bewegung, es gibt keinen unbewegten Beweger, wie Aristoteles dachte, sondern der tiefste Grund selber ist umwälzend und bewegt.

30.3.

Als ich in Berlin ankam, war es neblig und regnerisch. Vom Flughafen fuhr ich mit einem Bus zum Hauptbahnhof. Dort wollte ich eine Fahrkarte nach Bremen kaufen und stellte mich an einen Apparat. Als ich eben begonnen hatte, eine Zugverbindung zu suchen, fragte mich ein eifriger Mann, ob er mir helfen könne, und sagte, dass er mit Sicherheit eine Karte für 29 Euro finden würde. Ich hatte mir eine Verbindung mit Nahverkehrszügen herausgesucht, es waren noch 20 Minuten Zeit bis zur Abfahrt, es würde 44 Euro kosten. Aber da der Mann so sicher zu sein schien, wartete ich, während er in erstaunlicher Geschwindigkeit an den Tasten herumhantierte und Eingaben und Ausgaben der Maschine erzeugte. War er ein Zauberer? Wie sonst sollte es möglich sein, den Preis zu unterbieten? Er suchte und suchte, vielleicht eine viertel Stunde lang. Aber nachdem ich es schon aufgeben wollte, fand er tatsächlich eine Karte für 29 Euro für mich heraus und sagte, er habe es doch gesagt, dass er die Karte finde würde. Der Trick war, dass er zusätzlich zu meiner Strecke ein winziges Stück IC-Strecke dranhängte, weil es dafür Sparpreise gibt. Er sammelte damit schließlich Punkte für eine Karte die er hatte, als ob er meine Fahrkarte gekauft hätte. Das war offenbar sein Vorteil, und mir hatte er dazu geholfen, durch eine Systemlücke einen vernünftigen Zugang zu dem schon fast verloren gegebenen sozialen Verkehrsmittel Eisenbahn zu finden.

Die ersten Tage in der neuen alten Welt sind frühlingshaft und sonnig. Der April ist manchmal noch kalt, aber es ist ein Monat der Sehnsucht, einer Ahnung einer Spur des noch unsichtbaren Sommers.

30.4.

Auf dem Weg von Deutschland nach Brasilien kam ich mit allen möglichen Kulturen in Kontakt. Im Auto der Mitfahrgelegenheit von Görlitz nach Berlin fuhr ein Pole, der das Radio auf Polnisch laufen ließ. Ich verstand zwar nichts, merkte aber, dass die Reklame, selbst ohne sie zu verstehen, in einer anderen Sprache genauso scheußlich klingt wie im Deutschen. Der Flug nach Brasilien ging mit der Fluggesellschaft "royal air maroc"; bevor ich das letzte Wort las, fragte ich mich, ob es eine mir unbekannte englisch Firma wäre. Aber es war ein marokkanisches Flugzeug. Ich hörte die Durchsagen auf Arabisch, wovon ich jeweils nur das letzte Wort verstand: "shukran", danke. In Casablanca musste ich umsteigen. Alle Wegweiser und Hinweise sind dreisprachig, Arabisch, Französisch und Englisch. Eine Spur der französischen Kolonisierung. Viele Frauen liefen mit Kopftuch herum, auch sah ich Leute, die aus Zentralafrika zu kommen schienen, mit dunkelbrauner Haut, bunten Gewändern, ganze Familien. Als ich ins andere Flugzeug einstieg, hörte ich arabische Musik. Das gefiel mir. Nicht die ewig eintönige und immergleiche okzidentale Unterhaltungsmusik, die entweder beruhigend oder nervös machend sein soll, sondern mal was Originelles. Nach langem Flug über Afrika und den Atlantik kam ich schließlich wieder in Brasilien an, wo sich die Erde andersherum dreht.

Immer wieder lese ich in einem winzigen Büchlein, das ich einmal in der Bremer Universitätsbibliothek kopiert habe, eine Einführung in die Sprache der Roma durch. Das tue ich einfach aus Neugier, oder aus Sehnsucht nach einer Resonanz mit Menschen, die unsichtbar gemacht worden sind. Warum werden sie unsichtbar? Jedenfalls ist die Sprache der Roma offenbar die einzige indoeuropäische Sprache, die bis heute alle acht Casi verwendet. Das gibt es sonst nur in der antiken Sprache Sanskrit. Solche Komplexität in den Bedeutungen macht Sprachen besonders interessant. Eine Version aus Hameln, die in diesem Buch zitiert wird, hat viele Worte und Wendungen aus dem Deutschen integriert. Die Art der Verwendung und Umänderung des Deutschen in einem anderen kulturellen Kontext, wie ich es in den Roma-Sätzen sehe, erinnert mich spontan ans Jiddische. Nach außen entsteht der Eindruck des Netten, Folkloristischen, Niedlichen. Genau derselbe Eindruck, den die Roma und die jiddische Kultur mit den sog. Behinderten oder den Indianern teilen. Ein Rabbiner, mit dem ich befreundet bin, und der sich für Frieden mit den Palästinensern einsetzt, äußerte mir gegenüber einmal seine Bestürzung, wie Deutsche begeistert zu einem sehr schlecht aufgeführten Konzert mit jiddischer Musik applaudierten. Er selber wollte die jiddische oder Klezmer-Musik nicht als jüdische Kultur bezeichnen. In allen diesen Fällen ist die Verniedlichung der erste Schritt der Vernichtung. Es beginnt damit, dass man den Menschen ihr volles Menschsein abspricht, sie ganz harmlos als etwas verkleinerte Abbilder des Menschlichen nett belächelt. Es sind diejenigen Menschen oder Bereiche der Gesellschaft, die sich nicht völlig im universalen

Tausch verwerten lassen, die ungenügendes oder kein Kapital einbringen, oder umgekehrt betrachtet, die sozial ausgegrenzt werden. Und an dieser Stelle muss ich das Problem der Werttheorie lösen, um zu verstehen, warum Menschen ausgegrenzt werden, und was man dagegen tun kann. Sonst wird die Inklusion niemals die Abwertung beenden. Alle Tätigkeiten der Menschen und diejenigen der Natur, die – den Menschen bedingend – mit beteiligt sind, befinden sich in universalen Interaktionen. Dabei bedeutet jedesmal die Interaktion, das Zusammenwirken der verschiedenen Akte lebendiger Arbeit (kinetische Energie), für den Anderen potentielle Energie, Wert. Wert, potentielle Energie, ist kein unbewegter Beweger, sondern die Interaktion verschiedener Tätigkeiten oder zusammenwirkender Akte lebendiger Arbeit. Jede einzelne Tätigkeit, jeder Akt lebendiger Arbeit, repräsentiert – wie das Fragment das Ganze – den Gesamtzusammenhang aller Tätigkeiten der Mensch-Natur-Beziehung. Deshalb ist jede Tätigkeit, die am universalen Tausch beteiligt ist, "abstrakte Arbeit", als konkrete Tätigkeit zugleich eine solche des "Gattungswesens" Mensch und des Mensch-Natur-Zusammenhangs. Und als solche ist sie wertbildend. Keine einzige Tätigkeit kann davon ausgeschlossen sein. Wenn die Wertform (die Form, in welcher der Wert erscheint) einen nur quantifizierbaren Aspekt zeigt wie üblicherweise das Geld, dann reflektiert das den Gesamtzusammenhang der lebendigen Arbeit von Natur und Mensch unter der totalen Ausbeutung, in der Reduktion auf Produktion von einer Struktur potentieller Energie bei Ausblendung des lebendigen Prozesses. Denn sonst müsste die Wertform wie ein Prisma das Licht die unendliche Vielfalt der lebendigen Arbeit reflektieren. In der Denkform totaler Ausbeutung werden diejenigen ausgeschlossen, die sich nicht genug ausbeuten, d.h. ihre kinetische Energie (lebendige Arbeit) nicht genügend in diejenige Form potentieller Energie, welche die Spur des Lebendigen fast ausgelöscht hat, umpressen lassen.

Wir könnten die Abwertung beenden, wenn wir den universalen Tausch in erster Linie als einen solchen der Tätigkeiten und nicht der Dinge auffassen. Das setzt wiederum voraus, das Privateigentum an Natur, an Erde abzuschaffen, welches die Mensch-Natur-Beziehung in eine totale Subjekt-Objekt-Beziehung uminterpretiert und die gesamte Arbeit der Natur auf einen qualitativ nicht mehr differenzierenden Nenner gebracht hat. Dieser nicht mehr hinterfragte Naturbegriff, der lange vor Descartes ein "cartesianisches" Denken erzeugte, wurde dann auf den Menschen angewendet. Und um das Privateigentum an Natur abzuschaffen, wäre es heute am wichtigsten, die Rechte der Kleinbauern und indigenen Völker zu unterstützen.

Eine Wertform, die nicht bei Ausblendung des Qualitativen alles quantifiziert, wäre eine solche, die eine Dialektik reflektiert, wo der Zusammenhang nicht Identität (Subsumtion), sondern Interaktion der Alterität (Empowerment) bedeutet.

9. Mai

In der letzten Woche war ich zweimal bei der *Polícia Federal*, der *Bundespolizei* in São Paulo, um eine Verlängerung meines Visums zu beantragen. Schon beim Weg dorthin wird mir mulmig zumute, bekomme ich das Gefühl, dass dort eine totale Macht sitzt, die mir willkürlich das Visum geben oder auch verweigern kann. Dass ich über jede Hürde springen soll, jedes zweite Dokument nicht gut genug ist. Beim Unterschreiben zitterte ich schon. Und dann klappte es plötzlich doch, alles wurde anerkannt, und das Visum ist da. Den "Plan B", den ich mir schon zurechtgelegt hatte für den Fall, dass ich in wenigen Tagen das Land verlassen müsste, brauche ich nicht mehr einzuspannen. Ein Freund aus Paraguay hatte mir schon angeboten, dass ich bei seiner Familie wohnen könnte. Dieses Angebot bleibt nun weiter bestehen, obwohl ich es nicht mehr unbedingt brauche. Dort kann ich u.U. Guarani lernen und weitere indigene Völker kennenlernen.

Vor wenigen Tagen war ich bei einer größeren Veranstaltung der Landlosenbewegung Brasiliens. Es wurden Vorträge gehalten und Produkte verkauft. Es sind alle Themen vertreten, die bei sozialkritischen Bewegungen auftauchen, von indigenen Völkern bis zur ökologischen Landwirtschaft ohne Chemikalien. Mit einem älteren Bauern redete ich eine Weile, und er lud mich zu seinem Landgebiet in Goias ein. Als ich schon auf dem Rückweg zur U-Bahn war, traf ich zufällig eine Freundin, die ich vor 4 oder 5 Jahren das letzte Mal gesehen hatte, in São Carlos, beim Chorinhospielen. Sie nahm mich zu ihren Freunden mit, die bei der Landlosenveranstaltung waren. So klein kann das große Land Brasilien sein.

13.5.

Adorno schrieb in der *Negativen Dialektik*, dass man in Bezug auf die Vergangenheit nicht sagen sollte: "es musste so kommen!", sondern lieber: "Es hätte auch anders kommen können!" Nämlich um bezüglich der Zukunft nicht zu denken, es muss so und so kommen, sondern denken zu können: es kann auch anders kommen!

Wenn ich mit dieser Inspiration an die Wende zurückdenke, dann stelle ich mir vor, wie es hätte anders kommen können, in welche Richtung geht mein Traum? Es sind die Wünsche und Hoffnungen *aus* der Vergangenheit, nicht *nach* dieser, die weiterleben. Eine Verwechselung kann zur Nostalgie führen. Angenommen, der Mauerfall wäre etwas später eingetreten, die unmittelbare Erwartung der Wiedervereinigung aufgeschoben worden. Dann hätte das Sammelsurium aus Bewegungen für einen Neuanfang, eine Erneuerung aus eigenen Kräften mehr Kraft erhalten. Die Montagsdemonstrationen, wo viele riefen "wir bleiben hier, aber wollen Reformen", wären weitergegangen. Auch die Runden Tische, welche dabei waren, die Demokratie von der Basis her neu zu erfinden. Die Regierung unter Modrow näherte sich damals der Zivilgesellschaft an wie nie zuvor. Unter der Wirtschaftsministerin Christa Luft wurde ein Reformprogramm für die Wirtschaft ausgearbeitet und vom zentralen Runden Tisch anerkannt. Angenommen, eine solche Entwicklung wäre weitergegangen. Man hätte gesagt, die Rede vom Volkseigentum war ein großer Schwindel, nie gehörten die großen Betriebe, das Land, dem Volk, der Bevölkerung (worauf sich jetzt der Ruf, "Wir sind das Volk" bezog), es muss nun wirklich den Menschen gehören! Und dafür wären neue Formen zu erfinden, die es noch nie gab. Eine Verbindung aus repräsentativer Demokratie, die auf echter Wahl mit vorhergehenden Diskussionen und der Möglichkeit zu Abwählbarkeit beruht, mit Basiselementen und v.a. Elementen partizipativer Demokratie. Ebenso war die "Diktatur des Proletariats" eine große Lüge; niemals war die Arbeiterklasse an der Macht, sie wurde ausgebeutet. Jetzt müssten nicht nur alle Menschen das Recht haben zu arbeiten, sondern auch selber über die gemeinsamen Belange bestimmen können. Das Land und die großen Betriebe wären also in demokratisch zu handhabendes Gemeineigentum übergegangen, ein langer und schwieriger, aber auch begeisternder Prozess der Reformen und Umgestaltungen hätte bevorgestanden. Die Armee hätten wir natürlich abgeschafft. Die Kirchen hätten sich aus den Gemeinden heraus und nicht staatlich organisieren müssen. Und aufgrund der starken Orientierung der Demokratie in der Basis und in partizipativen Elementen wären Kultur und Wirtschaft von einem hohen Grad an Vielfalt gekennzeichnet, es wären unzählige Alternativen in der Landwirtschaft entstanden, verstärkt durch die wachsende internationale ökologische Bewegung, weg von der Monokultur und hin zu an die Natur angepassten Methoden. Es hätte keine neoliberale Übernahme, keine Privatisierung des Sozialen und keinen erzwungenen Freihandel gegeben, sondern die Menschen hätten in demokratisch neu erfundenen Formen selber entschieden, wie das Wissen international ausgetauscht wird, welche Produkte gehandelt werden und welche nicht eingeführt werden sollen, usw.

Bei einer solchen vollkommen anderen Entwicklung wäre eine sogenannte Wiedervereinigung (welche ja nicht die erste war, es gab schon eine im 19. Jh.) wahrscheinlich nicht möglich gewesen. Sondern stattdessen wären wir zwei soziale Gestalten mit mehrheitlich deutscher Kultur und Sprache geworden, wenn man

Österreich und die Schweiz dazuzählt, sogar vier. Das hätte alles in Frieden und gegenseitiger Anerkennung, vielfältigem Austausch und gegenseitigen Lernprozessen gehen können. Es wäre sogar viel interessanter geworden als die Monokultur der Wiedervereinigung. Denn wie soll ich jemals einem Anderen begegnen, wenn ich mich angleiche, identisch werde? Das muss doch langweilig werden! Nur wenn wir verschieden sind, können wir Erfahrungen austauschen, nicht wenn eine der Seiten platt gemacht und dann in der Logik des anderen neu aufgebaut wird!

Ist ein solcher Traum völlig obsolet, realitätsfremd? Mich haben Bewegungen indigener Völker und anderer Gruppen in Lateinamerika fasziniert, wo Menschen mit Begeisterung Alternativen formulieren und praktizieren, auch wenn man sagen könnte, das hat doch keinen Sinn, die werden doch niemals erfolgreich, sie verlieren doch immer, sind niemals auf der Seite der Sieger in der Geschichte, u.ä. Aber dennoch, trotz der Not und der Leiden bricht bis heute von solchen Bewegungen Freude und Neues auf, wie aus der Bewegung der Zapatisten und anderer indigener Bewegungen in Mexiko, welche seit den 90er Jahren neu erfundene Formen der Demokratie praktizieren und sich im Gegensatz zu Ostdeutschland nicht haben ausreden lassen, "das Fahrrad neu zu erfinden". Jetzt mischen sie sich in die nächste Wahl ein mit einer indigenen Frau, die sich als Kandidatin der Präsidentschaft stellt, und weiteren Initiativen wie einem Indigenenrat. Und die Landlosenbewegung in Brasilien ist weiter aktiv, wie ich neulich bei der Veranstaltung zu Landreformen in São Paulo sah.

Gegen Ende der DDR-Zeit war die Stimmung verbreitet, dass alles "den Bach runtergeht", aber man dachte nicht ernsthaft an einen Bruch, sondern es fühlte sich so an, als ob die Mauer noch 100 Jahre steht, alles war zementiert. Wir hatten keine Alternativen erarbeitet, um bei einer Krise für einen Neuanfang vorbereitet zu sein. Genau das ist heute notwendig, um bei Brüchen, die es häufig jetzt schon gibt, handeln zu können. Wie in Mexiko und in Brasilien. Auch wenn es nur Senfkörner sind.

18.5.

Im 19. Jahrhundert, bereits bei staatlicher Unabhängigkeit der meisten Länder Lateinamerikas von Europa, wanderten viele Europäer in diesen Kontinent ein. Brasilien warb um Immigranten, nicht zuletzt aus Deutschland. Man wollte Brasilien europäisieren und weiß machen. Deutsche kamen in großer Anzahl ins südliche Brasilien, auch in den Süden Chiles und Argentiniens. Da brauchten sie sich klimatisch nicht dermaßen umzustellen wie in den tropischen Gebieten. Den Einwanderern, in Brasilien waren das auch in großer Anzahl Italiener, wurde Land versprochen und gegeben. Land gab es ja viel! Denn zuvor hatte man die Indianer, die dort lebten, umgebracht, massenhaft. Völkermord war das, noch einmal, noch schlimmer als in der Zeit der Kolonien (abgesehen von der ersten Zeit der Conquista). Im Süden des heutigen Chile waren die Mapuche während der ganzen Kolonialzeit autonom, die Spanier hatten es nicht geschafft, ihr Gebiet völlig zu erobern, und sie behielten ein großes Gebiet. Erst nach der Staatsgründung Chiles wurde systematisch Krieg gegen sie geführt, das Land weggenommen, sie in Massen ermordet. Ein vergleichbarer Genozid geschah in Argentinien in der ersten Hälfte des 19. Jahrhunderts. In Brasilien wurden Indianer in vielen Gebieten umgebracht, niemand kümmerte sich darum. Danach erst europäisierte man diese südamerikanischen Gegenden.

Die Nazis wollten etwas Vergleichbares wieder durchführen. Es gab Pläne, die Menschen im ganzen Osten, bis zum Ural, zu vertreiben und umzubringen, damit sich dann die deutschen Bauern dort niederlassen könnten. Und begonnen hat man den Massenmord. 5 Millionen Polen wurden von Deutschen ermordet (Zahl nach Shlomo Sand), davon war etwa eine Hälfte Juden, die andere Hälfte Katholiken. Warum spricht niemand vom Genozid an den

Polen? Und heute redet man schamlos von Osterweiterung, ohne sich an die Geschichte zu erinnern.

21.5.

Parapsychologie, Frömmigkeiten und hohe Geschwindigkeiten

Jedesmal, wenn ich mich vom Stadtzentrum São Paulos aus mit der Metro den Stadträndern nähere, werden allmählich die Favelas sichtbar, zuerst direkt neben Wolkenkratzern. Unendliche Flächen dicht aneinandergebauter armseliger Hütten kommen zum Vorschein, ein Meer aus Häusersubstrat. Es geht durch immer ärmer werdende Gegenden hindurch. Der Bus schlengelt sich mühsam durch verkehrsreiche enge Straßen, und wenn es mal verkehrsarm wird, beginnt der Fahrer wie wahnsinnig zu rasen, ruckartig zu bremsen, fährt wie ein Besessener um enge Kurven, so dass ich mich im Sitz festhalten muss, um nicht herunterzufallen. Dann steige ich im stillen Embu Guaçu aus, und nach einem kurzem Fußweg komme ich schließlich im heimatlichen Aramitan an.

Als ich mich neulich in den überfüllten Bus vom Rande São Paulos nach Embu Guaçu begeben hatte, kam ein Prediger und begann, sobald der Bus startete und wir Insassen nicht mehr flüchten konnten, beschwörend mit heiserer, eindringlicher, zuweilen fast horrorfilmartiger Stimme auf uns einzureden. Ich versuchte, ihm nicht zuzuhören, denn ich war gerade bei einem spannendem Text der feministischen Theologin Marcella Althaus-Reid, die aus Argentinien stammte und in Schottland lebte, und die eine Queer-Theologie geschrieben hatte. Sie hat etwas entwickelt, was mich begeistert, eine befreiende Theologie der Aneignung, welche es nicht den Herren und Klerikern überlässt, das Heiligste und Kostbarste zu definieren. Aber ganz konnte ich es nicht vermeiden, dem Prediger zuzuhören. Nicht alles verstand ich; er verlangte, dass die Leute ihm Aufmerksamkeit schenkten, ihm antworteten und zustimmten, was er sagte. Immer wieder bekräftigten eine ganze Reihe von Leuten seine Rede mit einem "amén!" wie in der

Kirche (in Brasilien endbetont). Einmal erwartete er, dass die Leute einsähen, dass Maria vom Heiligen Geist schwanger geworden sei, und ähnliches. An andere Inhalte erinnere ich mich nicht, war aber erleichtert, als er aufhörte zu sprechen.

Im Haus Aramitan ließ ich meine Sachen in einem Zimmer, in dem ich in der letzten Zeit übernachtet hatte, schloss gewohnheitsmäßig ab, da im vergangenen Jahr ab und zu Personen unbeobachtet ins Haus gekommen waren und kleinere Diebstähle begangen hatten. Am ersten Abend konnte ich dann plötzlich die Tür nicht öffnen. Auch andere Personen versuchten es, aber es ging nicht. Das Schloss musste beschädigt sein! Die Fensterläden waren ebenfalls verschlossen, und ich hätte von außen mit einer Leiter recht hoch klettern müssen, um alle Schrauben herauszuziehen und von da einzudringen. Eine ganze Woche wartete ich, bis die Person kam, die den Originalschlüssel hatte, denn auch der kopierte Schlüssel hätte das Problem sein können. Diese Zeit lang verzichtete ich auf einen Teil meiner Habseligkeiten und begann zunehmend die Verluste zu kompensieren, indem ich beispielsweise mangels der Querflöte, die eingeschlossen war, mental übte, das heißt in meiner Vorstellung musizierte. Als der Mann mit dem Originalschlüssel endlich kam, gelang es wieder nicht, die Tür zu öffnen. Da begab ich mich zu einem Schlüsselmeister im Zentrum des Städtchens. Wie meistens ging ich zu Fuß, erst über eine Eisenbahnschiene, dann ein paar Straßen, einen Weg von 40 Minuten. Der Schlüsselexperte hatte zum Glück Zeit, nahm mich mit seinem Motorrad zum Haus mit, er setzte mir einen Helm auf den Kopf, der mich drückte, weil mein Kopf dick ist, und er raste wie ein Wahnsinniger durch die Straßen. Wenn er langsam fahren musste, bremste er mit aller Wucht, dann beschleunigte er, als ob er das Maximum der irgend erreichbaren Geschwindigkeit realisieren wöllte, und bremste dann wieder im letzten Augenblick, und ich musste mich mit Kraft festhalten, um nicht herunterzufallen oder in die Luft zu fliegen. Als wir ankamen, konnte auch er zunächst die Tür nicht öffnen. Aber dann ging sie auf, und es gab überhaupt kein sichtbares Problem, irgendetwas war vielleicht verklemmt gewesen. Oder Parapsychologie....

Heute ging ich zur Kirche *Achiropita* in São Paulo. Ich hatte schon viel über diese Kirche gelesen. Besonders seit den 90er Jahren kam es hier zu einer starken Bewegung der Verknüpfung zwischen christlicher und afrobrasilianischer Praxis, die so weit geht, dass auch die Glaubenswelten sich verbinden. So deuten manche Autoren christliche Traditionen von afrikanischen Vorstellungen her, wie von den *Orixás*, Wesen, die zwischen Mensch und Gott oder zwischen Mensch und Natur sich befinden.

Früh um sechs stand ich auf, denn ich wollte nicht zu spät kommen und kannte den Weg nicht genau. Mit Bus, U-Bahn und Fußweg erreichte ich den Ort erheblich früher als notwendig. Zu meinem Erstaunen wurde bereits eine Messe gefeiert, als ich eintraf; die Feiernden waren gerade kurz vor der Wandlung. Da sitze ich in einer Messe, der Sprachrhythmus ist dermaßen dem mir bekannten ähnlich, dass ich das Glaubensbekenntnis erkennen würde auch ohne ein Wort zu verstehen, und doch fühle ich mich völlig entfremdet. Dinge, die mir in unserer Heimatkirche in Görlitz nicht gerade ganz recht, aber gewohnheitsmäßig sind, irritieren mich schwer, wie kann ich hier zugehörig sein. Wie können die Pfarrer, die verschiedenen Kleriker in Gewändern, sich anmaßen, das Heilige und Bedeutsamste zu vertreten, wenn nicht zu verwalten. Die Kirche ist nicht sehr voll, nichts von afrikanischer Tradition, die ich erwartete hatte, sehe ich; höre eine heuchlerisch-melancholische Musik, als ob sie die Menschen darin bekräftigen wollte, im Dämmerzustand eines Halbschlafs verordneter Dummheit zu verweilen. Die Kirchen als Grabstätten des toten Gottes, wie Nietzsche es formulierte, fallen mir ein. Aber auch das "Er ist nicht hier!" von der Osterpredigt dieses Jahr.

Ich war zu früh gekommen. Die andere Veranstaltung begann erst danach. Wie zersplittert unsere Gesellschaft ist, die U-Bahn zeigt eine eigene Welt, ein Café auf der Straße eine andere, dann die Kirche; jede vermittelt den Eindruck, dass hier das Volk sei. Am ehesten ist das "Volk" noch in den tempelartigen riesigen Einkaufszentren, die hier *Shopping* heißen.

Als die *afrikanische* Messe begann, war ich sofort begeistert. Vorn begannen Trommler Rhythmen zu machen, ein paar afrikanisch aussehende Frauen mit farbigen Gewändern tanzten, jemand rief und sang mehrfach "Axé!", was in der Candomblé-Religion so etwas wie "Energie", Lebensenergie, bedeutet; Tänzer schienen die *Orixás* herbeizubewegen.

Wie ich neulich schon nachdachte, könnten die Orixás – und in früheren Religionen die Götter – etwas Wirkliches sein, nämlich ganz reale Resonanzzusammenhänge zwischen Menschen und je bestimmten Bereichen der Natur, welche überindividuelle Subjektivitäten konstituieren. Wobei natürlich die Menschen an solcher Konstitution aktiv beteiligt sind, und es jeweils gefragt werden kann, ob der jeweilige Resonanzzusammenhang dem Leben dient oder dem Tod. Ein Subjekt kann auch mit der Instanz, die ihn unterdrückt, gleichwohl in Resonanz gehen (weil man ohne soziale Beziehung nicht überleben könnte!). Die Sklaven haben aber mit dem offiziell verpönten und von der Kirche verfolgten *Candomblé* jahrhundertelang sozial und spirituell widerständig überlebt.

Also eine Religion von unten? Plötzlich ertönen Stimmen in der Kirche und werden zugelassen, die immer schweigen mussten! Dann kommen Pfarrer und Ministranten, und es wird eine ganz "normale" Messe daraus, wenngleich mit sehr sozialkritischen Worten zur politischen Realität Brasiliens, zu Fragen des Rassismus usw., und immer wieder vermischt mit afrobrasilianischen Elementen. Einmal brachten mehrere Personen verschiedene "Gaben" aus Nahrungsmitteln wie Früchte, Brot und anderes, nach vorn in die Nähe des Altars. Das könnte eine schöne Eucharistie werden, dachte ich, wurde aber enttäuscht; es waren doch die üblichen dünnen, kreisrunden Pappbrotscheibchen. Trotz vieler großartiger Beiträge der aus Afrika stammenden Kultur blieb die Dominanz der Kirche ungebrochen. Wie könnte eine gläubige Zusammenkunft aussehen, die ganz dialogisch ist, die sich durch Alterität kennzeichnet, wo jede Seite der Anderen ganz zuhört. Das wäre *Revolution* im ursprünglichen Wortsinne von Bewegung, wo alle Seiten sich miteinander transformieren. Die Kirche hält weiter an ihren *Immobilien*, den unbeweglichen Besitztümern, fest. Wer aber nicht bereit ist, seine Identität zu verlieren, wird das Leben nicht gewinnen (im Sinne von Matthäus 16,24ff oder Mt. 19,16ff u.a.).

Am frühen Nachmittag verabschiedete ich mich, suchte wieder die verschlungenen Wege durch São Paulos Straßen und wollte zu einer Vortrags- und Gesprächsveranstaltung mit *Ivone Gebara* gehen. Sie ist vielleicht die "Dorothee Sölle" des Südens; das ließe sich sagen, wenn das nicht eurozentrisch wäre, sie ist noch etwas ganz anderes. Jedenfalls ermutigend, aufwirbelnd, sich für die Rechte der Unterdrückten und Verarmten, besonders der Frauen einsetzend und Tabu-Themen ansprechend. Wieder kam ich erheblich zu früh an. Das Gebäude war eine Stunde vor dem angesetzten Veranstaltungsbeginn 15.00 noch geschlossen, die Gegend sah mir wie ausgestorben aus, alle Läden waren zugesperrt; zudem regnete es unentwegt. Kurz vor 15.00 ging ich wieder hin und traf am Haus einen Mann an, der von keiner Veranstaltung wusste und mir sagte, dass hier heute nichts stattfinde. So fuhr ich enttäuscht zurück. Ich hatte mich aber nicht im Termin oder der Adresse geirrt. Sondern die Veranstaltung war, wie ich dann hörte, kurzfristig vom Bischof verboten worden. Weil die Referentin unbequem ist.

31.5.

Am vergangenen Samstag begab ich mich tatsächlich zu einer Veranstaltung mit Ivone Gebara. Es ging um Dogma und Menschenrechte. Sie meinte, dass das Wort Dogma vom altgriechischen *dokein*: "meinen" oder "für gut halten" stamme, auch mit der Bedeutung "lehren" zu assoziieren sei, aber mit der Zeit innerhalb der Kirche immer statischer verstanden wurde, um ab der Epoche des Kaisers Konstantin die Glaubensweisen des Imperiums zu bezeichnen. Häresie komme dagegen von *hairein*: "auswählen", "vor-ziehen", auch "denken". So leben wir alle jeweils mit Dogmen, also Überzeugungen, die wir für gut halten, und Häresien, d.h. Infra-gestellungen, Kritiken, Abweichungen. Und die feministische The-ologie sei von Grund auf eine häretische Theologie im guten Sinne des Wortes. Dabei gehe es v.a. darum, die geltende Ordnung zu destabilisieren. Sie destabilisiere z.B. diejenige Institution, die be-ansprucht, Gott zu repräsentieren, kritisiert heilige Mächte, be-zweifelt Identitäten (das erinnert mich an die "Instabilität" in der Physik nach Ilya Prigogine). Für sie ist Gott nicht eine Identität wie ein Gegenstand, sondern ein Art nachzudenken, das Gute für alle, eine "Attraktion", Anziehung (in der Physik wäre das ein "Attrak-tor"). Sie kritisierte aber auch die Schnelligkeit der Kritik wie bei Demonstrationen, wo nur "Fora Temer", "Temer raus" gerufen werde, und meinte, wir müssten uns Zeit nehmen um nachzuden-ken.

Sie problematisierte, dass wahrscheinlich die meisten, die hier im Raume waren, ihr im wesentlichen zustimmen würden, die fe-ministische Theologie aber wenig in der offiziellen Theologie und Kirche verändert habe.

Sie war am vergangenen Sonntag wirklich auf Betreiben des Bischofs ausgeladen worden. Am Vortage habe sie einen Anruf erhalten mit der Aussage, dass es ja nicht gegen sie ginge, aber die Veranstaltung abgesagt werden müsse. Sie war wütend darüber und kommentierte, dass wenn jemand einer Person die Tür ver-sperre, es auch dann gegen sie gehe, wenn es ohne Schimpfwörter passiere.

Inspiriert von ihrer begeisternden Art zu reden machte ich mich auf den Weg zu einer Feier der Einweihung einer Wohnung bei Freunden, wo ich am selben Tage eingeladen war. Es kamen viele Leute, wir unterhielten uns auf Portugiesisch und Spanisch. Ich musste in der Wohnung über Nacht bleiben, um früh weiterzufah-ren. Es wurde bis zwischen 4 und 5 Uhr morgens gefeiert. Ich war sehr müde, schlief knapp 2 Stunden und fuhr dann nach Embu Guaçu, Aramitan. Als ich dort gegen 9 Uhr ankam, war eine Gruppe von Besuchern da, die gern die Umgebung kennenlernen wollten, und da ich der einzige war, der die Wege kannte, baten sie mich, sie zu begleiten. Wir wanderten auf einem Eisenbahngleis fast zwei Stunden in eine Richtung, ab und zu fuhren Güterzüge langsam und lärmend vorüber, dann gelangten wir durch einen Tunnel, in dem es eine Wasserstelle gibt, wo kühles und frisch von der Erde gereinigtes Wasser aus dem Stein entspringt, und stiegen dann zu einem Dörfchen empor, wo vor einigen Jahren runde Häuser in indigenem Stil mit Dächern aus strohartigen Palmzweigen gebaut worden waren. Von drei Häusern, an die ich mich erinnerte, war nur noch eines intakt, von einem anderen stand eine runde Mauer aus Lehm, und das dritte war verbrannt; die ganze Gegend sah verlassen aus, die Wege waren zugewuchert. Dennoch war das eine indigene Haus bezaubernd, ein heiliger Ort.

Auf dem Rückweg balancierten manchmal zwei bis drei Personen auf den Schienen, indem sie sich aneinander festhielten – neben den zwei Schienen für je einen Zug ging noch eine dritte nebenher. Als ich mich dazugesellte, machte ich eine erstaunliche, doppelte bewegende Erfahrung, nämlich zum einen die, dass jede Bewegung überindividuell ist, und zum andern dass dieselbe Bewegung, mit der ich einem anderen Menschen Halt gebe, auch diejenige ist, mit der ich gehalten werde. Das möchte ich nicht vergessen.

Auf diesem Weg, der ansonsten eintönig vor sich hin ging, unterhielten wir uns, dann fingen einige an, Lieder zu singen, die wir ein- bis mehrstimmig sangen, und wir kamen vergnügt wieder am Ausgangspunkt an. Am Abend ging ich um 7 Uhr schlafen und war nach 12 Stunden wieder ganz erholt.

17.6.

Hier unten sind noch mehr Dinge "umgekehrt" als ich bisher erzählt habe. Nicht nur, dass es im Mai und Juni immer kälter wird. Ich sitze drinnen mit zwei Anoraks bekleidet. Wenn ich das Haus verlasse, ziehe ich mich aus, weil es draußen wärmer ist und manchmal die Sonne scheint und ich mich bewege.

Am Freitag vor einer Woche saß ich den Tag über drinnen und schrieb zwei schwierige Texte zu Ende, einen auf Deutsch und einen auf Portugiesisch. Zwischendurch, als Pause, übte ich Flöte. Am Abend fuhr ich zu einer offenen Chorinho-Gruppe, wo Gäste mitspielen dürfen, diesmal zur ältesten in São Paulo, die aus bekannten Musikern besteht. Dort empfinde ich es fast als eine "Gnade", akzeptiert zu werden, und bin etwas aufgeregt beim Spielen.

Auf dem Rückweg sprach mich auf einer dunklen Straße einer an, ob ich ihm helfen könne, er habe überhaupt kein Geld und wolle die Polizei anrufen, habe aber kein Telefon, ob ich dort anrufen möge. Erst verstand ich, dass ihm alles gestohlen worden sei, dann aber, dass er in der Nähe wohne und einige Leute, die in der Nähe rauchten, ihn nicht schlafen ließen. Er ließ mich mit meinem Handy eine Nummer wählen, wollte aber nicht selber sprechen, sondern mich reden lassen; es antwortete tatsächlich jemand, aber ich schaffte es weder, den Mann richtig zu verstehen, noch etwas zu erklären. (Wie in dem Sprichwort: "Es ist nicht genug, die Dinge nicht zu verstehen, man muss auch unfähig sein, sie auszudrücken") Bald kam es mir komisch vor, er folgte mir auf den Fersen, und ich wusste, dass es in dieser Gegend schon Überfälle gegeben hat. Ich beeilte mich, um in der Nähe eines anderen Fußgängers zu gehen, der gerade vorüberkam, und als ich in dessen Nähe war, sagte ich laut zu dem andern, dass ich ihm leider nicht helfen könne, worauf er sogleich verschwand.

Einen anderen Tag begann ich mit Philosophie-Lektüre, ein paar Absätze Hegel (mehr schaffe ich kaum in einem Zuge), Adorno, Hans Heinz Holz, die beide zu Hegel schreiben, dann eine indigene Sprache, dann Portugiesisch und verschiedene Lektüre in dieser Sprache. Dann spielte ich wieder Flöte, und machte danach körperliche Arbeit. Die Reihenfolge ist sehr wichtig, weil sie es mir ermöglicht, mich auf alle Tätigkeiten zu konzentrieren, ohne müde zu werden. Dann pflanzte ich zwei werdende Bäume, die jemand mitgebracht hatte, und die typisch für den Urwald sind, welcher sich als Streifen am Atlantik entlangzieht, der nur noch in Resten existiert, den es aber auch in der Gegend zwischen São Paulo und dem Meer gibt, die *Mata Atlântica*. Am Nachmittag machte ich eine Wasseranalyse, eine Zuarbeit von Aramitan für die größere Umweltorganisation "SOS Mata Atlântica", welche Informationen über kleine Gewässer in São Paulo sammelt. Dazu ging ich zu einem Bach in Embu Guaçu und musste dann in Reagenzgläsern mit ein paar Tabletten, die von der Organisation geliefert werden, Versuche durchführen. Am Bach unterhielt ich mich mit einem originellen älteren Mann, der mir auch in seinem Grundstück zeigte, wie wieder Abwasser aus einem Rohr in den Bach hineinfließt. Ich nahm dann eine Wasserprobe mit ins Haus und führte dort die Versuche mit Reagenzgläsern durch.

Gleichzeitig machte ich Essen mit wenig Energie- und wenig Zeitaufwand, indem ich zuerst schwarze Bohnen in einem Schnellkochtopf koche, bis er pfeift, dann den Topf auf einem gut isolierenden Brettel eine Stunde lang stehen lasse, wo er noch lange heiß bleibt, danach weiteres Gemüse und Süßkartoffel usw. grob zerschnitten hineintue und noch ein zweites Mal bis zum Pfeifen koche und den Topf eine Stunde stehen lasse. Dann braucht es nur ein paar Gewürze, und das Essen ist fertig und noch heiß.

Am Abend desselben Tages fuhr ich seit langem wieder einmal zu dem Forró-Kurs in Monte Azul, dem Favela-Stadtviertel in São Paulo mit der gleichnamigen Vereinigung Monte Azul; Forró ist ein typischer brasilianischer Tanz. Während der Busfahrt las ich in einem Roman auf Portugiesisch, der so spannend war, dass ich gar nicht merkte, wie lange der Bus wegen überfüllter Straßen brauchte. Das Tanzen kann ich zwar nicht besonders gut und vergesse schnell, doch manchmal bringen mich die Bewegungen in eine Art Rausch, einen Taumel.

Ein paar Tage später ging ich wieder zu einer offenen Chorinho-Gruppe, diesmal in São Bernardo, wo auch meine Universität ist. Diesen Ort kenne ich noch nicht lange. Es geht etwas chaotischer zu als anderswo. Es ist ein privates Haus, das für solche Zwecke geöffnet wird. Während der Musik wird auch geraucht, Bier und Wein getrunken, Nüsse gegessen, Feuer gemacht. Je später der Abend wurde, desto mehr Menschen kamen. Ich bin immer wieder von Pandeiro-Spielern – Pandeiro ist eine flache Trommel – beeindruckt, mit was für einer Energie und rhythmischen Genauigkeit sie spielen. Diesmal war auch ein Geiger dabei, das hatte ich beim Chorinho noch nie erlebt, und er spielte sowohl virtuos, als auch völlig verrückt, improvisierte unendlich viel, veränderte die Melodien, kam aber immer wieder dort an, wo er gemäß der Strukturiertheit der Kompositionen jeweils landen sollte. Der Rhythmus ist von eherner Konsequenz, und zugleich sind die Melodien von der größten Freiheit.

Die Musik ist wie das Universum nach der Physik der "Gesetze des Chaos" von I.Prigogine sowohl von "Eigenwerten", also sich wiederholenden Strukturen spontaner Ordnung, geprägt, als auch von "Instabilität", d.h. Unvorhersagbarkeit der Ereignisse und Interaktionen in irreversibler Zeit.

5.7.

Wieder sitze ich mit zwei Anoraks im Zimmer um zu schreiben. Draußen scheint strahlend die Sonne, aber es ist kalt. Am 21.6., dem kürzesten Tag der südlichen Hemisphäre, fuhr ich von São Bernardo do Campo bis ans Meer, nur eine Stunde Busfahrt, und ging bei leichtem Regen und dunklen Wolken im kühlen Wasser schwimmen. Das war meine Feier der Sonnenwende. Schon am darauffolgenden Tag schien die Sonne; es ist bis jetzt überwiegend gutes Wetter. Daraus schließe ich logisch, dass der Sommer am

22.6. begonnen hat, also dem Tag, da die Tage wieder länger werden...

Die eigentliche Korruption in Brasilien hat mit weltweiten Entwicklungen zu tun. Nach der Katastrophe des Rinderwahnsinns in Europa in den 90er Jahren wurde die Ernährung der Rinder umgestellt, die Nachfrage nach Soja wuchs gewaltig, in der Folge erhöhte man in Brasilien den Sojaanbau und verlegte einen Teil der Rinderzucht nach Brasilien. Überall auf der Welt führt die "grüne Revolution" zu einer zunehmenden Technisierung der Landwirtschaft und zur Zunahme der Monokulturen. Eine Folge davon ist die Uniformisierung der Welternährung, und eine andere Folge die Zerstörung der Natur, der Artenvielfalt und der kulturellen Diversität. Lokale landwirtschaftliche Traditionen und Bräuche werden zurückgedrängt. In Brasilien vergrößern sich die Flächen für den Anbau von Soja, Mais, Zuckerrohr, Baumwolle und für Viehzucht bis in das Amazonasgebiet hinein. Dahinter steckt, dass weltweit die Nachfrage nach billigen landwirtschaftlichen Waren zunimmt. Daraus entsteht billiges Essen, an dem sich einige Unternehmer bereichern, und von dem die Hälfte weggeworfen wird.

An dieser Entwicklung änderten, was Brasilien betrifft, auch die Regierungen "Lula" und Dilma Rousseff (2003-2016) nichts, obwohl sie von der Arbeitspartei sind, aber Regierungen sind im allgemeinen längst vom Neoliberalismus kooptiert worden, ob sie sich rechts oder links nennen. Trotzdem war bei diesen Regierungen der Neoliberalismus etwas sozial abgefedert gewesen. Der Neoliberalismus ist in Brasilien eine Lawine, die *vor* Lula voll ins Rollen gebracht worden war und eigentlich die Militärdiktatur als "vierte Gewalt" abgelöst hatte. Um diesen letzten Gedanken zu erklären: Im 19. Jh. war der Kaiser die *vierte Gewalt* neben Legislative, Exekutive und Judikative. Das Königshaus aus Portugal war vor Napoleon nach Brasilien geflüchtet, der Sohn des Königs war bei der Rückkehr der übrigen Familie und Brasilien geblieben, hatte die Unabhängigkeit ausgerufen und war Kaiser geworden. Das

Ende des Kaisertums wiederum geschah 1889 durch eine Art Militärputsch, und zwar durch die Sieger des genozidartigen Krieges gegen Paraguay 1870-75, gegen das damals einzige Land Südamerikas, das sich wirtschaftlich von Europa unabhängig gemacht hatte. Von nun an war das Militär immer wieder gewissermaßen die vierte Gewalt gewesen. Bis der Neoliberalismus es in dieser Rolle ablöste...

Die Regierung des neuen Präsidenten Temer mit seiner grinsenden Totenmaske erfüllt jetzt voll die Erwartungen neoliberaler Nachfragen, lässt Ländereien im Amazonasgebiet verkaufen, die bisher unverkäuflich waren, schafft soziale und Arbeitsrechte in vielen Bereichen ab, verschlechtert erheblich die Situation der Bildung, der Universitäten. Hier liegt die eigentliche Korruption dieser Marionettenbande.

Um den 21.6. herum gibt es in Brasilien die *festa junina*, das Junifest. Um nicht den heidnischen Anlass des Festes zuzugeben, bezieht man sich auch auf Heilige wie Johannes (24.6.). Jedenfalls werden große Feuer gemacht, es wird Glühwein ausgeschenkt und man feiert. Die Nachbarn von Aramitan luden mich in ihr Haus ein. Auf der Straße brannte die ganze Nacht durch ein riesiges Feuer. Einige rauchten Wasserpfeife, und die Leute schenkten mir dauernd Caipirinha ein; so ging es bis spät in der Nacht, bis ich mich irgendwann davonmachte und schlafen ging.

11.7.

Gestern wachte ich vor Morgenanbruch auf und konnte längere Zeit nicht schlafen, ich war unruhig. So eine Unruhe heißt immer, scheint mir, dass Lebenskräfte rumoren, etwas quält und schreit, geboren werden will, ich verstehe nicht immer den Zusammenhang oder die Botschaft. Vor ein paar Wochen nahm ich mir bei solcher Schlaflosigkeit vor, etwas Schönes zu machen und ging am selben Tag seit langem wieder zum Forró-Tanzkurs, was in meinem Leben etwas veränderte. Diesmal fiel mir ein, dass ich längst wieder einmal eine längere Strecke dauerlaufen wollte und immer nicht dazu gekommen war. Am Vortag hatte eine Theateraufführung von Kindern in Aramitan stattgefunden, und von den Vorbereitungen wie Rasenmähen, Fegen usw. hatte ich Muskelkater in Händen und Armen. Aber die Beine waren nicht überfordert. Es fühlte sich an wie ein Ruf – ein Ruf aus meinem Körper oder aus der Natur? Ich könnte direkt jetzt loslaufen, aber es war erst um 5 Uhr, wie ich sah, als ich den Fensterladen öffnete. Ich sah auch, dass der Mond hell schien. An solchen Tagen, 2 oder 3 Tage nach Vollmond, leuchtet der Mond gegen Morgen noch fast so hell wie Vollmond, steht aber höher und leuchtet bis der Tag anbricht. Bei solchem Nachvollmond war ich einmal in Mexiko losgewandert und dann viele Stunden, vielleicht 15 Stunden unterwegs gewesen, ohne einen Menschen zu treffen; bei diesen Wanderungen fühlte ich mich nie einsam. Warum? Wahrscheinlich weil die Natur mir Gesellschaft leistete. Jetzt nahm ich einen Stock in die Hand für den Fall, dass Hunde mich angreifen könnten, und lief los, eine Strecke die immer den Bahngleis entlanggeht. Ab und zu machen mir Hunde Angst; bei den Hundestellen, die ich kenne, nehme ich mir schon vorher Steine in die Hand; als ich in die Nähe kam, wachten jeweils Hunde auf und rannten mir bellend entgegen, kamen aber nicht so nah. In der Nacht ist es still, und dann hören die Hunde alles. Wenn nicht Züge vorüberfahren – einige fuhren vorüber, langsam, kreischend und mit grellem Licht der Lokomotive; ich musste immer aufpassen, sowohl auf die Züge, als auch auf die Hunde. Eine Nacht voller Gefahren und Herzklopfen. Zwischendurch war es still, ein unsagbarer Frieden lag in der Luft, während der Mond durch die Zweige der Bäume lugte oder durch den klaren Himmel die Landschaft beleuchtete. Nach über einer Stunde, als die ersten Vorboten des Lichts die Morgendämmerung ahnen ließen, kehrte ich um und lief denselben Weg wieder zurück. Ich kam beim ersten Sonnenlicht an zu einer Zeit, in der ich normalerweise aufstehe. Wieder zurück in der lichten, leichten Welt der Normalität kamen mir die zweieinhalb Stunden draußen überwältigend vor, abgrundtief, unfassbar wie aus einem anderen Leben kommend. Und da verstand ich etwas von dem, was ich vor über 10 Jahren im Riesengebirge erlebt hatte, als ich mich im tiefen Schnee verlaufen hatte und über zwei Tage allein umhergeirrt war, verstand jetzt etwas, was mir bisher nicht klar war.

Vom russischen Psychologen Wygotski lerne ich, dass Gefühle, Emotionen, Bewusstsein eines Menschen sich von Kindheit an sozial entwickeln; sie geschehen zuerst *zwischen* den Menschen und wandern immer mehr nach innen; und zugleich wird das Innere des Menschen dabei sozial. (Wie auch Marx schrieb, dass an der Ehe zu erkennen sei, dass der Mensch im Individuellsten ein soziales Wesen ist.) Das heißt, dass die gesamte Welt je meines Bewusstseins einschließlich der Gefühle und Wahrnehmungen sich innerhalb einer sozialen Welt abspielt. Daran liegt es, dass es Aspekte meines Erlebens gibt, die wie unerzählbar sind. In Brasilien bin ich in sozialen Welten, durch die auch ich anders bin. Auch wenn ich mich an die DDR erinnere, gibt es Bereiche des Bewusstseins, die anders waren als nach der Wende, und das hat etwas Unübersetzbares. Ich vermute, dass die Natur, die Erde, Pflanzen, Tiere, ebenfalls zur sozialen Welt gehören, in der sich das Bewusstsein und die Gefühle des Menschen konstituieren. Emotionen sind nach Wolfgang Jantzen "(multi-)oszillierende Prozesse in der fließenden Gegenwart [...], die in psychischer Hinsicht zwischen den jeweiligen Erlebniszuständen des Subjekts und zu bewältigender Neuigkeit vermitteln". Diese Theorie deute ich hier nur an; es ist aber schon viel, die Emotionen als hochkomplexe Strukturen aus Oszillationen, Schwingungen zu betrachten, die zwischen dem Subjekt, der Umwelt und anderen Subjekten vermitteln. Angenommen, die Annahme stimmt, die ich aus verschiedenen Arbeiten der Selbstorganisationstheorien der Materie, der Physik usw. entnehme, dass die biologische Natur subjekthaft lebendig ist, was mindestens alle lebendigen Zellen, und damit alle Lebewesen der Biosphäre betrifft.... Aber auch die "dissipativen Systeme", die sich raumzeitlich in chaotischen Situationen in ordnender Weise spontan bilden (von Strudeln im Wasser bis zu Galaxien), müssten subjekthaft sein und haben oszillierende, schwingende, d.h. innerhalb der Zeit geordnete Strukturen. Selbst die Sonne, deren Aktivität aus dissipativen Strukturen und rhythmischen Ordnungen, d.h. multioszillierenden Prozessen und in thermodynamischem "Fließgleichgewicht" (nach Jantsch und Lee Smolin) in wesentliche Zügen dem biologischen Leben ähnelt, müsste ein offenes System sein, das nach innen Subjekt und Geist ist. Wenn das alles stimmt, dann entwickelt sich das menschliche Bewusstsein, einschließlich Geist, Gefühle usw., im Kontakt mit der Natur und deren Oszillationen, in vielfältigen Resonanzen mit deren Schwingungen, wobei diese Resonanzen ins Innere des Menschen gehen, und das Innere im selben Prozess sozial wird, d.h. wie mit den übrigen Menschen, auch mit der Natur verbunden. Eine je bestimmte Gesellschaft fördert aber nicht nur bestimmte Bewusstseinsformen, Wahrnehmungen, Gefühle, sondern unterdrückt auch, filtert, zensiert, schafft Oberflächlichkeiten, Denkblockaden. Solche Behinderungen können u.U. durch ungewöhnliche Erfahrungen unterlaufen werden.

Als ich damals über zwei Tage im Riesengebirge umherirrte, kam ich nicht nur in Todesangst, was mir später als Trauma bewusst wurde, sondern ich war auch über lange Zeit von den übrigen Menschen isoliert und zugleich mit der Natur konfrontiert. Und etwas von dem Abgrundtiefen, fast Unerzählbaren, wird mir später echohaft bewusst. Es geht mir "durch Mark und Bein", mich zu erinnern, wie ich den Wind durch die Bäume fahren hörte, als ob sie stöhnten. Und die vielen Stunden schweigend durch Wald und Schnee zu gehen. Jedenfalls habe ich das Gefühl, dass die Macht, die mich fast umgebracht hätte, die multioszillierende Natur, dieselbe Macht ist, die mich leben lässt und aus jedem Trauma befreit, eine Resonanz, eine übergreifende Liebe zum Leben auf der Erde.

Eine Theorie der Götter, wenn nicht sogar Gottes

Mit allem über Oszillationen, Resonanzen und die entsprechenden "Innenseiten" des Sozialen und Psychischen Gesagten wird mir verständlicher, warum es *Götter* oder bei afrikanischer Religion *Orixas*, also Wesen, die zwischen dem Menschen und Naturkräften stehen, gibt. Die Subjektivität wäre nicht nur vom Makro-, sondern auch vom Mikrokosmos her zu verstehen. Die "soziale Amöbe" ist eine Übergangsstufe vom Einzeller zum Vielzeller: In Notsituationen schließen sich Einzeller mit Hilfe von Gradienten (Gefällen von Stoffkonzentration) bestimmter Stoffe und auch Resonanzen vorübergehend zu einer Art Mehrzeller zusammen. D.h., durch Resonanz zwischen den Subjektivitäten der einzelnen Zellen bildet sich eine übergreifende Subjektivität des gemeinsamen Körpers (solche Überlegungen in W.Jantzen: Am Anfang war der Sinn). Auch der Mensch kann demnach als Subjekt nur existieren durch die mikro- und die makrokosmische Dimension, d.h. zum einen durch die Interaktion der ihrerseits subjekthaften Zellen, Gewebe, Organe, die dadurch die Subjekthaftigkeit des ganzen Menschen konstituieren – auch wenn es eine Polverschiebung wichtiger geistiger Aspekte zum Nervensystem und Gehirn gibt (die aber nicht die Subjekthaftigkeit des übrigen Körpers aufhebt), und zum andern durch Interaktion mit den anderen Menschen und mit der Natur. Auch in zwischenmenschlichen Kontakten entsteht ein überindividuelle Subjektivität, an der die betreffenden Menschen einer Gemeinschaft, Beziehung usw. teilhaben, die sie subjekthaft spüren, die aber über die individuelle Ebene hinausreicht, eben die soziale Dimension. Angenommen, es gibt eine vergleichbare soziale Dimension, Resonanz zwischen subjekthaften, oszillierenden Einheiten, zwischen Menschen und Natur, dann erklärt das die *Orixas* der afrobrasilianischen Religion und die *Götter* früherer Gesellschaften. Es handelt sich dann um *real existierende* Resonanzzusammenhänge zwischen Menschen je bestimmter Gruppen und bestimmten Bereichen der Natur. Diese Resonanzzusammenhänge haben Macht, werden aber zugleich von den beteiligten Menschen konstituiert, können entstehen und wieder vergehen. Götter, Orixas u.a. können befreiend und unterdrückerisch sein. Womöglich sind die Orixas soziale, solidarische, überindividuelle subjekthafte Resonanzzusammenhänge, welche den nach Brasilien verschleppten Afrikanern Widerstand und Überleben in Zeiten der

Sklaverei ermöglicht haben. Menschen können sich aber auch mit denjenigen Zusammenhängen in Resonanz begeben, die sie unterdrücken, und einen Herren, einen Despoten "Gott" nennen und vergessen, dass sie selber Macht in Beziehung sind.

Ist am Ende die Interaktion aller Bewegungen und Tätigkeiten des Kosmos, oder die Resonanz zwischen allen Oszillationen, Schwingungen, Gott? Gott als das Bewusstsein des Universums und als der übergreifende soziale Sinn? Dann wären wir selber daran subjekthaft und tätig beteiligt, müssten alle wie Jesus "mit Vollmacht" handeln, und der dialektische Materialismus nach Marx wäre mit der dialektischen Philosophie und Mystik eines Jakob Böhme (wieder)vereinigt.

Eine kleine Philosophie der Musikinstrumente

Bei den ältesten Funden mit Überresten von menschlichen Kulturen fand man neben Werkzeugen auch Kunst und Schmuck, dabei Musikinstrumente, Flöten. Auch das Musikinstrument ist ein Werkzeug. Hier überwiegt aber nicht die Subjekt-Objekt-Beziehung mit der Natur, wo es um pragmatischen Nutzen geht, sondern die Subjekt-Subjekt-Beziehung der Resonanz mit Mensch und Natur. Diese Bedeutung muss schon in den Anfängen der Menschheit da gewesen sein.

Nach Wygotski ist in der Entwicklung eines Kindes das Denken zuerst individuell, es kann ohne Sprache erfolgen; und die Lautäußerung dient nicht dem Denken, sondern einfacher kommunizierender Äußerung von Stimmungen. Die Sprache ist von Anfang an ein soziales Medium, welches das Kind langsam kennenlernt, indem es in einer bestimmten sozialen Welt aufwächst. Im Laufe der Zeit kommt es zu einer doppelten Bewegung: das Kind verinnerlicht die Sprache, diese geht immer weiter ins Denken hinein, vermittelt über die Zwischenstufe des "egozentrischen Sprechens" (der Angewohnheit von Kindern, vor sich hin zu sprechen); und indem die (soziale) Sprache ins Innere geht, wird das Innere sozial, das Denken wird gesellschaftlich.

Etwas Analoges zum Verhältnis zwischen Denken und Sprechen geschieht mit der Beziehung zwischen Körper und Werkzeug: der eigene Körper ist individuell und seine Bewegungen dienen zunächst der Reproduktion des eigenen Lebens, aber das Werkzeug ist ein soziales Medium. Im Laufe des Lernens, ein Werkzeug zu gebrauchen, geht das Werkzeug sozusagen nach innen, es wird zu einem Teil des eigenen Körpers; und zugleich in derselben Bewegung transformiert sich der Körper in etwas Soziales, seine Bewegungen werden zu solchen der Reproduktion des sozialen Körpers, des Gemeinwesens.

Wenn ich aber ans Musikinstrument und andere Kunstwerkzeuge wie den Pinsel denke, dann kommt die Beziehung mit der Natur hinzu, die nicht nur verobjektiviert wird, sondern auch in einer sozialen, Subjekt-Subjekt-Beziehung erreichbar ist. Und dann ist das Musikinstrument nicht nur gesellschaftlich auf die Menschen bezogen, sondern es vermittelt zwischen Mensch und Natur. Die soziale Beziehung zwischen Mensch und Natur geht über das Instrument in mein innerstes Fühlen und in meinen Körper, und dieses Innere wird zugleich sozial bezüglich der Menschen und bezüglich der Beziehung mit der Natur. Wenn ein Stück Holz oder aus der Erde genommenes Metall in Resonanz mit Körperbewegungen und der Atmosphäre schwingt, dann verbinden sich Menschenlaut und Naturlaut; die Natur geht in mein Inneres, und mein innerer Körper wird zu einer Zelle der Reproduktion der Mensch-Natur-Beziehung.

24.7. Musiktage – und andere Themen

Preußentum

Manchmal ärgert es mich, wenn ein Kollege in Aramitan den Bereich der Spüle voller Geschirr und Besteck lässt, ihn nicht gleich säubert, eine größere Fläche voller Krümel zurücklässt, früh Brot isst, ohne einen Teller zu benutzen, so dass sich die Krümel verteilen, und ähnliche Dinge. Wenn ich da bin, mache ich diese Sachen in der Regel sauber. Auch wenn das nicht meinem Selbstbild entspricht, frage ich mich dann: werde ich zu einem Vertreter preußischer Ordnung? Aber dann nehme ich wahr, dass der Kollege sehr viele andere Arbeiten gemacht und diese mir abgenommen hat. Warum sollte ich mich dann ärgern – wir ergänzen uns, es ist komplementär, so kann sich ein interkultureller Kontakt gestalten, wenn jeder seine spezifischen Qualitäten einbringt, ohne dem anderen das Eigene aufzwingen zu wollen.

Körper und Geist

Es ist gut, einen abwechselnden Rhythmus zwischen körperlicher und geistiger Arbeit zu praktizieren. Wenn ich in Aramitan das ganze Haus fege, habe ich Muskelkater, und manchmal kleine Schrammen an der Haut. Neulich bestrich ich eine Wand mit einem Gemisch aus Farbe und Mörtel. Die Geräte, die zum Bestreichen mit Farbe taugen, nützten mir nicht viel, weil das eine dickflüssige Masse ist, die einer Art Knete ähnelt. Schließlich tat ich alles mit bloßen Händen, das ging am besten, weil ich in den Händen *Gefühl* habe, welches kein Werkzeug ersetzen kann. Vor Jahren, als ich in einer Gruppe von einem indigenen Dorf in Mexiko zur Straße zurückwandern musste und die Wege voller Matsch waren, wo man tief einsank, ging ich die ganze Strecke barfuß mit dem Erfolg, dass ich an Abhängen, wo die anderen in Schwierigkeiten gerieten, guten Halt hatte. Das Bestreichen der Wand dauerte mehrere Stunden; zum Glück bin ich halber Linkshänder und konnte beide Hände so verwenden, dass die Hornhaut gleichmäßig abgewetzt, jedoch nicht wund wurde. Aber nach so einer Arbeit muss ich mindestens eine Woche warten, bis ich die Hände wieder belasten kann. Und während dieser Woche studiere, lese, schreibe, forsche ich, und danach kann ich wieder körperliche Arbeit tun.

Musik

Seit ein paar Wochen gebe ich Blockflötenunterricht in einer

Einrichtung für verlassene Kinder namens Lar Efrata, bei Aramitan. Diese Kinder wurden durch richterlichen Beschluss von ihren
Eltern getrennt aufgrund geschehener Vernachlässigung, Drogen-
missbrauch und Gewalt. Aber an diesem Ort hier fühle ich mich
wohl, und die Leute sind sehr gastfreundlich.

Vom 20. zum 23.7. weilte eine Gruppe von Jugendlichen einer
Musikschule in Aramitan. Diese Musikschule, Camerata, wurde
von einer deutschstämmigen Mitbegründerin der Vereinigung
Monte Azul gegründet. Es waren um die 20 Jugendliche und Mu-
siklehrer anwesend. Diese Tage sind ein Gemisch aus intensiver
Arbeit, Orchesterproben und Freizeit an einem angenehmen Ort.
Am Tag, bevor sie kamen, befand ich mich allein im Haus. Und das
Haus war in Unordnung und ungesäubert, ich musste alles allein
in einen einigermaßen einladenden Zustand bringen. Wieder
bemühte ich mich, die Arbeit zu humanisieren. Man kann Menschen mit Arbeit vernichten, wie die Kolonisatoren im 16. Jahrhundert dies mit den Indianern taten und die Nazis im 20. Jahrhundert
in den Konzentrationslagern. Dagegen bedeutet das eigentlich
Humane, dass Arbeit Leben ist, *lebendige Arbeit*, wie ein berühmter
humanistischer Philosoph einmal formulierte. So begann ich mit
Tätigkeiten, die mich tief bewegen und mich direkt interessieren,
las Philosophie und sozialwissenschaftliche Texte, lernte Sprachen,
übte Flöte, und säuberte erst danach das Haus. Dann wird das Fegen zu einer intensiven und konzentrierten Bewegung; sobald ich
mit dem Besen den Boden berühre, gehe ich *den Dingen auf den
Grund*. Zugleich war ich noch inspiriert vom Gedanken von Pierre
Bourdieu, dass man um ein Volk, eine Klasse oder eine Gruppe zu
verstehen, nicht nur von der *Identität*, sondern von der *Alterität*
ausgehen müsse. Ich kann die Bauern beispielsweise nicht allein
von ihrer Arbeit in der Landwirtschaft her begreifen, sondern muss
sie auch von ihrer Beziehung zu den Nichtbauern, den Städtern,
her verstehen. Auch das konstituiert eine Gruppe, es reicht nicht
das kleinliche und stigmatisierende Identitätsdenken. Die Leute
aus der DDR kann man nicht nur von innen her verstehen, sondern

auch von ihrer Beziehung zur westlichen Kultur, zum Humanismus, zur Kirche, zur Weltliteratur und vieles mehr. Die indigenen Völker verstehe ich nicht von dem her, was aus meiner Sicht typisch indigen ist, sondern von ihrer Beziehung zu den Nichtindigenen. So müssen wir auch versuchen, die islamischen Kulturen zu begreifen.... Als ich die Arbeit beendet hatte, war ich erschöpft aber froh.

Dann kamen die Tage mit dem Musikschulorchester, mit dem auch ich mitmusizierte.

Am vorletzten Abend gestalteten wir einen *Sarau*, einen Abend, an dem es keine Trennung zwischen Publikum und Aufführenden gibt, sondern alle Anwesenden eingeladen sind, einzeln oder in Gruppen Musik zu machen, Gedichte vorzulesen, ein Theaterstück aufzuführen oder etwas anderes vorzutragen. Es dauerte Stunden und ging bis in die Nacht hinein.

Am letzten Nachmittag führte das Orchester das Abschlusskonzert auf. Einige Leute aus Embu Guaçu waren im Publikum. Dazu gehörte auch eine große Gruppe vom *Lar Efrata*, einige Erziehende und alle Kindern, welche wir mit der ganzen Musikschule am Vortag besucht hatten. Dieser Kontakt zwischen der sozialen Einrichtung und dem Orchester wurde sehr befruchtend. Während des Konzerts bezog der Dirigent die Kinder mit ein, erklärte ihnen, wie die Instrumente heißen, und ließ am Ende einige dirigieren.

August 2017

Paraguay

Eine ganze Woche weilte ich in Paraguay. Hier stieß ich auf das Phänomen der *Grenze*, das mich in mehrfacher Hinsicht interessierte. Nach Überschreiten der Ländergrenze von Brasilien nach Paraguay wurde ich sofort von Kleinhändlern empfangen, die mir alles Mögliche verkaufen wollten. Bald tauschte ich 150 Euro in die

Guarani-Währung um und bin dadurch in kürzester Zeit nahezu zum Millionär geworden, es fehlten nur 40000 Guarani zur Million. Hier besteht also die Mehrheit der Bevölkerung aus Millionären und Multimillionären, aber das Geld hat nicht so viel Wert, weil alles was Wert hat, ausgebeutet wird: das Land, die Natur, die Menschen.

Was auf eine kulturelle und soziale Grenze, die der okzidentalen Welt, hinweist, ist die Tatsache, dass in diesem Lande die meisten Menschen neben Spanisch auch Guarani sprechen. Tupi-Guarani ist eine Sprachfamilie, die in einem großen Teil des Tieflandes von Südamerika gesprochen wurde, als die europäischen Eroberer kamen. Wahrscheinlich stammt die Sprache von einer Bevölkerungsgruppe, die sich aufgrund der Kultivierung von Maniok in einem großen Gebiet ausgebreitet hatte. In Brasilien wurde eine aus dem Tupi-Guarani abgeleitete Sprache, das "ñe'engatú, nhengatu", "gutes Sprechen", bis ins 18. Jahrhundert hinein allgemein gesprochen und erst dann von der zunehmenden Europäisierung verdrängt. In Paraguay ist diese soziokulturelle Grenze zur indigenen Welt bis heute sichtbar.

Ich fuhr nach Santa Rita, das unweit von der Ländergrenze liegt, wo ich in der Familie eines Studierenden und Forschenden der Methodistischen Universität von São Paulo wohnen konnte. Dessen Vater, der als Unternehmer arbeitet, war sehr daran interessiert, mit jemand auf Deutsch reden zu können, denn er kennt diese Sprache von seinen Vorfahren. Sein Deutsch ist manchmal altertümlich, er erzählte mir von seinen 'Knechten', an deren Arbeit er zuweilen etwas auszusetzen hatte. In der Gegend von Santa Rita sprechen die meisten Menschen Portugiesisch, obwohl die offizielle Sprache neben Guarani Spanisch ist.

Einmal nahm er mich zu einem Landgut mit, das er für Wochenenden und zum Feiern verwendet. Es ist ein größeres Gelände mit Wohngelegenheit, umgeben von Natur, wo er Fischteiche, Wiesen, viele Tiere wie Kühe, Ziegen, Hunde, Katzen, Hühner und zwei Strauße besitzt. Hier wohnt auch einer seiner "Knechte", der nie lesen und schreiben gelernt hat, eigens um Haus und Hof in Ordnung zu halten.

Mein Gastgeber nahm mich jedes Mal mit seinem Auto mit, das stabil wie ein Jeep ist, und fuhr durch unasphaltierte, löchrige Lehmstraßen, wo jedes vorüberfahrende Auto eine große Staubwolke auslöste, die für eine Weile die Sicht versperrte. Wenn es wiederum regnet, dann ist die Fortbewegung fast unmöglich, weil man im Schlamm steckenbleibt.

Was mich besonders interessierte, waren die indigenen Völker. Mein Gastgeber erzählte mir von Indigenen, Guaranis, die ich ganz in der Nähe seines Unternehmens besuchen könnte, die keine Lust zu arbeiten hätten und betteln. Sogleich suchte ich deren Siedlung auf, die aus elenden Behausungen besteht, welche teils aus Stein und teils aus Holz, sowie aus zerrissenen Plasteplanen gebaut sind. Im Eingangsbereich zur Siedlung sah ich, wie Frauen in einem Bächlein am Wegesrand Wäsche wuschen. Nachdem ich mich vorsichtig angenähert hatte konnte ich tatsächlich einige Fragen stellen. Im Gegenzug baten sie mich um Hilfen, die letztlich auf die "3 T", hinauslaufen, Land (terra), Arbeit(smöglichkeit) (trabalho) und Behausung (teto), außerdem Trinkwasser. Ein Repräsentant äußerte mir im Zusammenhang meiner Fragen die Überzeugung, dass wenn jemand sage, dieses oder jenes Stück Land gehöre ihm, dies ein Irrtum sei, denn das Land gehöre in Wirklichkeit niemandem, und wenn überhaupt, dann Gott.

An einem anderen Tag nahm mich mein Unternehmer-Freund zu einer nicht weit entfernten dörflichen Siedlung der *Aché* mit. Die Aché sind eine kleine indigene Gruppe, von denen es nur sechs Dorfgemeinschaften gibt, welche alle in Paraguay leben. Die gesamte Gegend, durch die wir auf dem Hin- und Rückweg fuhren, war noch Ende der 90er Jahre komplett bewaldet, ist aber heute voll von Feldern und wird ab Oktober hauptsächlich mit Soja bebaut sein. Als wir zum Dorf gelangten, trafen wir auf einen Missionar und einen Pastor des Dorfes. Sie erzählten, dass alle Dorfbewohner Christen seien; das sei ein Werk des Missionars, welcher zur *Assemblea de Deus*, einer Pfingstkirche, gehört. In den 70er Jahren missionierte bereits ein Nordamerikaner; aber vor nicht sehr langer Zeit haben die Guarani dieses Dorfes noch alte religiöse Gewohnheiten, die mit dem Wald zusammenhingen, gehabt, etwas wie Spiritismus; dies alles gebe es nun heute nicht mehr, verkündeten sie stolz...

Ist das zusammen mit dem Wald verschwunden?, frage ich mich.

Im Dorf steht eine Schule, wo die Kinder in den Sprachen Guarani und Aché unterrichtet werden; außerdem sah ich Steinhäuser und eine Anlage mit Hühnern mit Maschinen zum Brüten der Küken; dies beides sind von der Regierung empfangene Hilfen. Neben der Schule steht eine Kirche. Der Missionar erzählte auch, dass die Bibel, zumindest das Neue Testament, in die Sprache der Aché übersetzt worden sei.

Danach fuhren wir zusammen mit dem Missionar zu einem Dorf der Mbyá-Guarani, das sich ganz in der Nähe befindet. Sie seien sehr arm und lebten früher vom Jagen, erzählen mir meine Begleiter; jetzt wollen sie nicht lernen, Ackerbau zu betreiben, was sie aber könnten. – Dadurch, dass die Wälder der Umgebung gefällt wurden, ist ihre frühere Lebensgrundlage zerstört worden. Auch erfahre ich jetzt, dass die Gruppe der Guaranis, die ich zuvor in der Ortschaft kennengelernt hatte, von hier stammen.

Die Denkweise der Guaranis dieser Siedlung in Santa Rita ist also konsequent: sie haben ihre alte Lebensart und ihre Kultur, die auf dem Land und dem Wald beruhten, die niemandem gehörten, durch Menschen und Organisationen verloren, welche die bisherige Natur zerstörten und das Land – irrenderweise – als Privateigentum betrachten; und deshalb haben sie auch mindestens Anspruch auf Hilfen durch diejenige Kultur, welche ihnen ihr früheres Leben genommen hat...

Das Dorf, in dem wir jetzt ankamen, besteht aus einfachen Holzhütten. Der Missionar sagt, dass sie vor drei Monaten mit ihrer Missionsarbeit begonnen hätten und alle zu einer Familie unter

Jesus Christus machen wollten. Auch mein Gastgeber wurde angesichts des Missionars plötzlich sehr fromm. Er sagte beschwörend zu einem der Guarani, ohne den *Senhor* (Herrn) seien wir nichts, wir leben kurz auf Erden und dann komme die Ewigkeit. Wir besuchten mehrere sehr arme Familien mit freundlichen Leuten. Für den Missionar bedeutet die Weigerung indigener Familien, landwirtschaftlich zu arbeiten, dass sie vom Dämon beherrscht seien. Es ist eigenartig, wie sich die Hilfe mit spiritueller Gewalt hinter sanften Worten vermischt. Ich vermute vielmehr, dass diese Menschen in ihrem Lebensmut gebrochen sind, weil mit der Zerstörung des Waldes die nicht nur ökonomische, sondern auch soziale und spirituelle, sinnhafte Beziehung mit der Natur und damit die Seele des sozialen Lebens ihnen geraubt worden ist.

Aber am darauffolgenden Tag nahm mich ein Pastor, wieder ein Mensch von der *Assemblea de Deus*, zu einer anderen indigenen Gemeinde mit, ebenfalls der Aché, die mich tief beeindruckt hat. Auf dem Hinweg erzählte auch er mir, dass diese ganze Gegend vor 30 bis 40 Jahren bewaldet war. Jetzt besteht sie aus Feldern, die demnächst mit Soja bebaut werden.

Er erzählte mir ebenfalls, dass die Gemeinde, zu der wir auf dem Weg waren, seit 1973 von einem Nordamerikaner missioniert wurde. Dieser, der auch die anderen Aché-Gemeinden missionierte, aber vor allem bei dieser hier tätig war, habe die indigenen Bräuche ganz und gar respektiert und die Leute dabei unterstützt, sie beizubehalten. Gleichzeitig habe er der Bibel entsprechende Normen eingeführt, beispielsweise hätte früher ein Mann mit mehreren Frauen und eine Frau mit mehreren Männern zusammen leben können, und das gehe jetzt nicht mehr. Er habe ihnen aber auch in vielen wirtschaftlichen, sozialen, kulturellen Belangen geholfen. Früher lebten sie nur vom Jagen und Sammeln, jetzt hätten sie basale Fertigkeiten der Landwirtschaft gelernt und könnten sich damit und zusätzlich dem Jagen selber versorgen. Und vor allem habe der Missionar sie rechtlich darin unterstützt und gekämpft, dass sie ein größeres Stück Wald ihrer Umgebung vor der Abholzung retten und als legal anerkanntes Eigentum erwerben konnten.

Mein Gastgeber hatte den Pastor vor einigen Tagen angerufen und ihn gefragt, ob er mich zur Gemeinde mitnehmen könnte, und der Pastor hatte geantwortet, ja, aber erst am kommenden Montag, weil bis Sonntag alle Männer jagen und so lange niemand von ihnen zuhause sei. Es war also Montag.

Bereits als wir uns näherten, begrüßte mich der Wald wie aus einer anderen Welt, aus einer uralten Geschichte, und ich hatte das Gefühl, gleich heiligen Boden zu betreten. Langsam gingen wir zu den ersten Familien. Der Pastor und die hiesigen Leute begrüßten einander alle, indem sie einander umarmten und bezogen auch mich ein; es war eine ganz eigene Art des Umarmens, eine andere Kultur, eine andere Semiosphäre, ich fühlte mich wie auf einem anderen Planeten.

Ein Dorfbewohner führte mich herum und zeigte mir die Siedlung; sie haben ein paar Kühe für Milch, Hühner, ein paar Schweine, kleine Felder, auf denen sie anbauen. Auch sah ich das Schulgebäude, wo sie Computer haben, und einen Handy-Turm für Internet. Was sie jagen und anbauen, dient zum großen Teil ihrer eigenen Ernährung. Durch den Anbau von Soja, welches sie verkaufen, erzielen sie aber auch Überschüsse und damit Geld für Anschaffungen wie die erwähnten Computer, und um Medikamente, Geräte, und vieles mehr, was sie nicht selber herstellen, zu erwirtschaften. Einige studieren in einer nahegelegenen Universität. Zu all dem, der Erhaltung alter Bräuche, wie dass sie Feste und Spiele mit Pfeil und Bogen veranstalten, als auch den Elementen der Modernisierung, hat ihnen der Missionar verholfen. Ohne diesen hätten sie nicht als eigene Kultur überlebt, der Wald wäre wahrscheinlich in ein Sojafeld verwandelt worden, und sie würden in der Stadt betteln wie die anderen Indigenen, die ich kennengelernt hatte.

Einer sagte mir, dass der Wald das Leben sei, welches Leben nicht nur für sie im Dorf, sondern für ganz Paraguay ermögliche.

Alles gehört allen, das Land, dessen Produkte, sowie das Geld, das aus dem Verkauf hervorgeht und auf einer Bank liegt. Sie verteilen die Erträge der Arbeit gleichmäßig unter allen.

Mir erschien die Art, wie der Pastor zu den Leuten in religiösen Themen redete, arrogant, unterdrückerisch, von oben herab, kolonisierend, besserwisserisch, oberlehrerhaft. Als er zu eine kranken Frau sprach, sagte er zu ihr und den Umstehenden, dass sie immer den Oberen gegenüber gehorsam sein sollen, wenngleich es natürlich 'tentações', Versuchungen, gebe. Auch die Art, wie er mit der Bibel und dem durch diese garantierten Wahrheitsanspruch kommt... Und wie er immer auf den 'Senhor', den Herrn, hinweist und mit dem Finger dabei nach oben zeigt. Wie ich diesen Senhor hasse!

Der Pastor betete mit uns, er sprach, und die Umstehenden schauten mit obligatorisch zerknirschten Gesichtern in Richtung Fußboden. Dann ging der Pastor zu einer Familie und ließ mich mit einem älteren Gesprächspartner allein, der mich zu seinem Haus mitnahm, um mir die Bibel auf *Aché* zu zeigen. Während ich auf ihn vor dem Haus wartete, kam eine uralte Frau vorbei, die ich nie gesehen hatte, und umarmte mich lange und herzlich. Dann zeigte mir der Mann die Bibel. Und er erzählte mir verschmitzt, dass in seiner Kindheit sein Großvater noch *vor* der Ankunft des Missionars bereits von Gott gewusst habe, vom 'criador da natureza', dem Schöpfer der Natur, und dass er diesen vor dem Jagen um Tiere zu bitten pflegte. Als er später in der Bibel las, habe er erkannt: das ist doch genau das, was mein Großvater mir erzählte! Aber er erwähnte dankbar den Missionar, der ihnen half zu überleben, er ist glücklich, gesund zu leben und nicht betteln zu müssen.

Diese Gemeinschaft ist Vorbild für viele und wird immer wieder besucht, um sich zu orientieren, wie indigene Menschen gut leben können. Als einmal Botschafter mehrere Länder zu ihnen kamen, fühlten sie sich wie im Zoo, meinte einer.

Während ich über den unbeschreiblichen Waldboden am Rand der Siedlung gehe, sage ich mir, Gott ist die potentielle Energie des

Universums, so wie auch die Geister der Pflanzen und der Tiere, von denen andere indigene Völker reden.

Dieser Kontakt mit der Natur muss es sein, was diesen Menschen das Selbstbewusstsein, die wirtschaftliche, soziale, kulturelle und insgeheim sogar spirituelle Autonomie gerettet hat.

Nachtrag

Auf dem Rückweg von Paraguay stieß ich bei der Lektüre zweier höchst spannender Bücher von Pierre Clastres (eines davon im Original "La société contre l'Etat...") auf ein Kapitel über die sogenannten *Guaiaqui*, die sich selber *Aché* nennen. Aché bedeute Menschen, Leute. Dasselbe hatte mir der Pastor ebenfalls erklärt. Clastres muss die Aché *vor* der Mission kennengelernt haben, etwa in den 60er Jahren.

Allgemein schreibt Clastres über die vorkolumbische Bevölkerung, dass sie sehr zahlreich gewesen und die Landwirtschaft in den meisten Gebieten vorgeherrscht habe, dass die wenigen gegenwärtigen Jäger- und Sammler die Landwirtschaft im Laufe der Geschichte wieder veloren hätten. Die Aché waren reine Jäger und Sammler, so Clastres. Sie pflegten eine strenge Trennung zwischen den Rollen der Frauen und denen der Männer in der Arbeitsteilung. Nur die Männer jagten. Sie hatten den Brauch, dass ein Mann niemals von dem Fleisch desjenigen Tieres essen durfte, das er selber gejagt hatte, denn sonst würde er seine lebendige Beziehung zu den Tieren verlieren, die wiederum eine Voraussetzung für das Jagen war. So mussten die Männer das Fleisch anderen schenken und wiederum Fleisch von anderen annehmen. Dies war die Grundlage ihrer sozialen Struktur. Dazu sei die Anomalie gekommen, dass es bei ihnen etwa doppelt so viele Männer wie Frauen gab. Sie hätten das Problem gelöst, indem eine Frau meist mit zwei Männern zusammen lebte. So mussten die Männer nicht nur das Fleisch, sondern auch die Frauen teilen. – Das erklärt manches an Hintergründen der heutigen Gemeinschaft, in der womöglich viel von der alten Kultur weiterlebt.

24.8.

Bushaltestelle

Da stand ich an einer Bushaltestelle.

Ein Mann, der meine Querflöte repariert hatte, hatte mich im Auto zu seinem Haus mitgenommen, wo sich auch seine Werkstatt befindet, um einige Dinge nachzubessern und mich das Ergebnis gleich kontrollieren zu lassen. Über Tag war es warm gewesen, die Sonne hatte geschienen, und ich hatte nichts Warmes zum Anziehen mitgenommen. Bei Anbruch der Dunkelheit zeigte er mir den Weg zur Bushaltestelle und erklärte mir, wie ich den Bus erkenne, auf welche Nummer und welchen Ortshinweis ich zu achten hätte, fügte hinzu, dass es sich um einen kleinen Bus handelte. So stand ich nun da und wartete. Seine Frau hatte hinzugefügt, dass ich bestimmt 20 Minuten warten müsste; auch sagte sie, dass ich gut aufpassen müsse, den Bus schnell zu erkennen, weil er sonst, wenn ich nicht winkte, vorüberfahren würde. Die Sonne war untergegangen, es war dunkel, und ich begann zu frieren. Noch war Winter in der Südhalbkugel. Nach 20 Minuten war der Bus immer noch nicht gekommen. Viele Busse, große, fuhren vorüber, sie hatten alle eine andere Nummer als die von mir erwartete. Die Aufschrift auf den Bussen konnte ich erst lesen, wenn sie schon recht nah herangekommen waren. Nach einer halben Stunde des Wartens näherte sich ein Bus, der schnell fuhr, ich bemühte mich, die Aufschrift zu lesen, und erst als er ganz nah gekommen war, erkannte ich, dass es der Bus war, den ich hätte nehmen müssen. Er war aber so schnell, dass ich überhaupt keine Chance hatte, ihn anzuhalten, er war sofort weg. Bis jetzt hatte ich versucht, mich gedanklich mit etwas zu beschäftigen, um die Zeit zu überbrücken, aber in diesem Augenblick hatte ich zu nichts mehr Lust. Es wurde immer kälter. Ich kam mir völlig allein auf der Welt vor. Die Gegend kannte ich nicht. Den Rückweg zu den Freunden würde ich wahrscheinlich nicht finden. Ich hatte als einzige Orientierung auf der Welt nur die eine Information, mit welchem Bus ich fahren müsste, und es war unmöglich, ihn rechtzeitig zu erkennen. Das ist das "Elend" in der ursprünglichen Wortbedeutung, in der Fremde zu sein. Aber dann sagte ich mir, ich müsste mich irgendwie aus dem Elend, aus dieser Stimmung herausreißen. Und das ging. Ich nahm mir vor, so gut wie jeden Bus durch Winken anzuhalten und mich gegebenenfalls zu entschuldigen. Leute kamen und gingen, kamen um je ihre Busse zu nehmen, und fuhren davon; nur ich stand und stand. Nach weiteren 40 Minuten näherte sich ein etwas kleinerer Bus, und ich hielt ihn an, ohne zu wissen, ob es der richtige war, und ich hatte Glück. Er nahm mich mit; nach einer Weile gelangte ich wieder in eine mir bekannte Gegend und fand mich zurecht, und mir wurde wieder wärmer zumute. Aus dieser Geschichte lerne ich, dass ich manchmal im Leben Chancen *anhalten* muss auch ohne zu wissen, ob sie es sind...

1.9.

"Indianer"

Neugierig begab ich mich zu einem Treffen indigener Völker in São Paulo. Es kamen Leute, die von weiter entfernten Gegenden Brasiliens stammen und in der Stadt leben, auch Guaranis von der Atlantikküste. Das Treffen war dazu gedacht, die eigenen indigenen Traditionen zu stärken und bekannter zu machen. Es fand den Sonnabend und Sonntag über an einer öffentlich sichtbaren Stelle in einem Park statt, wo mehrere Personen und Familien Kunsthandwerk verkauften, die indigenen Teilnehmenden aus verschiedenen Völkern einen großen Teil der Zeit kreisförmige Tänze aufgeführten, und einige Sprecher immer wieder kürzere Reden über indigene Kultur, die Bedeutung der Natur, die Konflikte mit Großgrundbesitzern und anderes hielten. An diesem Wochenende haben mich mehrere indigene Freunde eingeladen, in ihre Dörfer zu kommen. Bei den Tänzen luden sie mich und andere ein, mitzumachen. Da merke ich, wie groß der Unterschied ist, ob ich die Leute in exotischer Andersheit von außen beobachte oder selber Teil bin. Trotz aller kulturellen Unterschiede gibt es eine tiefere verbindende Ebene.

Chorinho

Mit einer Freundin, die sich sehr für die Choro-Musik interessiert, ging ich neulich zu einer offenen Gruppe, wo ich in größeren Abständen bin und mitspiele. Ich sagte ihr, dass wir von der U-Bahn-Haltestelle aus etwa 10 Minuten zu Fuß zu gehen hätten. Sie war aber nicht gewöhnt weit zu Fuß zu gehen, und die Gegend ist etwas hügelig; nach einer Weile beschwerte sie sich: das sind doch 20 Minuten und nicht 10! Obendrein ging es durch kleinere Straßen, und es war kein kulturelles Zentrum weit und breit in Sicht, am Ende fragte sie mich, ob ich sie betrügen wolle. Aber kurz darauf kamen wir an. Die Leute treffen sich in einem privaten Haus, man geht zuerst in einen Hinterhof, und der Musikort ist ein Raum, der einer Ruine ähnelt. Jetzt war sie begeistert, kannte sogar die Musiker mit Namen. Als ich nachher meinte, dass es mir schwer fiele, hier mitzuspielen, sagte sie, dass dies auch kein Wunder sei, denn diese Musiker sind doch lebende Legenden, sie spielen schon seit 50 Jahren zusammen!

Zwischen den Choros, bei denen ich mitspielen kann, spielten sie spontan viele Stücke in unterschiedlichen Besetzungen, oft zu zweit mit Gitarre mit 7 Saiten und Mandoline. In der Musikstadt Wien würde es eine solche Aufführung nur für unbezahlbare Eintrittskarten geben.

Friseur

Seit Juni gehe ich fast jeden Sonntag nachmittag zum *Lar Efrata*, dem Ort bei Aramitan, wo zwei Familien sich um verlassene Kinder kümmern, um einigen interessierten Kindern Blockflötenunterricht zu geben. Es geht sehr langsam voran, weil einige Schwierigkeiten haben, überhaupt die Finger genügend zu koordinieren, um es zu schaffen, die Löcher vollständig zuzudrücken.

Sie laden mich jedesmal zum Mittagessen ein. Der Ort besteht aus einem größeren Gelände mit Häuschen für die Familien und für die Kinder, und mit Wiese, Gemüsegärten, Obstbäumen und einem Teich mit Fischen. Einmal im Monat kommt eine Friseuse, um allen, besonders den Kindern, die Haare zu schneiden. Als sie mich sah, meinte sie sofort, dass sie meine Haare auch schneiden will. Sie ist eben eine echte Professionelle! Sie geht auch einmal im Monat mit sozialen Organisationen zu einer Obdachlosenspeisung, wo sie ebenfalls den Leuten die Haare schneidet. Zu mir sagte sie, dass doch jede Person etwas anzubieten habe, wie ich Flöte zu unterrichten und sie zu frisieren. – So wie hier müsste die Wirtschaft immer funktionieren, ich gebe und empfange kostenlos.

12.9.

Der Hund

In Aramitan, besser gesagt außerhalb des Hauses, gibt es einen Hund, genauer, eine Hündin. Aber ich spreche sie immer an als "der Hund". Sie hat auch einen Namen, aber der interessiert mich nicht, weil das so bürgerlich ist, zumal die Leute in Brasilien auch immer Spitznamen verwenden. Vor zwei Jahren wohnte hier eine kleine zugelaufene Katze, die später leider von einem größeren Hund ums Leben gebracht wurde. Diese Katze pflegte ich als "die Katze" anzusprechen, worauf sie jedes Mal miaute. Dann konnte ich sie aus einem Fenster aus 10 Meter Entfernung rufen, und sie antwortete ebenfalls mit Miau. So entstehen Dialoge. Neulich erinnerte sich noch jemand, dass ich mit der Katze damals auf Deutsch sprach. Aber zurück zum Hund. Er ist klein, freut sich jedes Mal unglaublich, wenn ich komme, es gibt Momente der Begeisterung, wo er wie wahnsinnig geworden durch die Gegend im Kreise rast oder sich auf dem Rücken grunzend auf der Erde wälzt. Es gab immer wieder Zeiten, wo niemand im Haus war, und dann ging es dem Hund schlecht, die Einsamkeit tat ihr nicht gut; und wenn ich bei so einer Situation das Gelände von Aramitan betrat, begrüßte sie mich mit klagenden Lauten, als ob sie mir vorwürfe: warum habt ich mich allein gelassen?

Nach dem Dunkelwerden, am Abend und in der Nacht, scheint

sich für das Tier die Welt zu verändern; die Präsenz der Menschen nimmt ab, es wird stiller. Und dann werden die Tiere untereinander aktiver. Von den Nachbargärten her bellen einige Hunde, dann kommt unser Hund angelaufen und bellt oder heult, gibt kehlige Laute von sich. Das wiederholt sich unzählige Male in Ruf- und Antwortsequenzen; da sind wieder die Dialoge, Urlaute der Kreatur, die wahrscheinlich eine Semiosphäre, eine Sinn- und Bedeutungsebene zwischen den Tieren schaffen und wo sie sich der Zugehörigkeit vergewissern. Der Hund ist gewissermaßen zweisprachig, interkulturell, lebt in zwei sozialen Welten, einerseits als unterprivilegierter Teil der menschlichen Gesellschaft, andererseits als Bewohner einer animalischen, sich mit der Erde verbindenden sozialen Beziehung, die sich unabhängig vom Menschen verwirklicht.

Arbeit

Beim französischen Anthropologen Pierre Clastres las ich vor kurzem, dass bei sogenannten primitiven Gesellschaften die Männer im Krieg Frauen zu rauben pflegen, im Falle von Allianzen aber Frauen tauschen, wobei der Krieg die bessere Alternative zu sein scheint, da der Tausch ja einen Verlust beinhaltet. Damit sind in beiden Fällen die Frauen auf Objekte reduziert, Träger potentieller Energie, und der Krieg wäre im günstigen Falle eine Quelle von Mehrwert. – Was mich aber besonders interessiert, ist, was Clastres über die *Arbeit* bei den Menschen indigener Gesellschaften verschiedener Kontinente schreibt, nämlich dass sie in der Regel etwa drei bis fünf Stunden pro Tag arbeiten, was nicht einmal alle Personen müssen, und dass diese Zeit der Arbeit auch von vielen Pausen unterbrochen ist. Trotzdem leben sie nicht arm, sondern haben mehr als genug für die Bedürfnisse. Dass sie nicht viel effizienter und mehr arbeiten, liege nicht daran, dass sie dies nicht könnten, sondern dass sie es *nicht wollen* und *nicht brauchen*. Gerade in dem Sinn sind sie nicht unterentwickelt. Es gibt kein Interesse daran, über das Nötige hinaus zu arbeiten, keine Spur von einem Wunsch nach Akkumulation. Damit beuten sie weder sich selber, noch die Natur aus.

Das nahm ich mir zu Herzen, als ich wieder einen Teil einer Wand mit einem Gemisch aus Farbe und Mörtel bestrich, was für mich am besten mit bloßen Händen geht. Wenn ich das länger als drei Stunden tue, ist die Hornhaut abgewetzt und die Hände werden wund. Ich arbeitete aber nicht bis an die Grenze, sondern hörte früher auf. Nächste Woche mache ich weiter, in der Zwischenzeit hat sich der Körper ohne Probleme reproduziert. Wir müssten überall in der Wirtschaft lernen, nicht bis an die Grenze zu gehen, nicht alles was möglich ist zu tun, sondern früher aufzuhören, beispielsweise im Urwald in Ecuador das Erdöl unter der Erde liegen zu lassen, wie es einmal vorgeschlagen wurde. Das würde für alle Beteiligten die Lebensqualität verbessern.

30.9.

Wetter

Als ich ab Mai wieder in Brasilien weilte, wurde es kälter, nicht frühlingshaft, aber das kalte Klima ist mir eher vertraut. Im Juli und August war es sonnig, oft warm über Tag und kalt in der Nacht; das entsprach in etwa meinem gewohnten Jahresrhythmus, es kam mir wie eine Art Sommer vor. Aber im September, wo es nach meiner unbewussten Wettererwartung langsam auf den Herbst zugehen müsste, wird es immer wärmer und die Tage werden länger, es breitet sich eine alles beherrschende Hitze aus, an die ich nicht gewöhnt bin.

Textura

Wieder begann ich einen frühen Morgen in Aramitan mit der Lektüre von Philosophie und studierte dann Portugiesisch. Darauf frühstückten wir; ich bestrich eine weitere Wand mit dem Gemisch aus Mörtel und Farbe, das im Übrigen auf Portugiesisch *textura* heißt, und gab im Anschluss Flötenunterricht im Heim für verlassene Kinder *Lar Efrata*. Am Abend war ich bei einem Forró-Tanzfest in Monte Azul. Und die nächsten Tage nahm in an einem Kongress der Religionswissenschaft an der Methodistischen Universität von São Paulo teil. Die Art, wie die Religionswissenschaft hier gehandhabt wird, ist eine Art Mischung aus Theologie und Soziologie, abermals eine *textura*. Ich beteiligte mich an einer Arbeitsgruppe zum Thema Geschlechterverhältnisse (Gender), wo es zu inspirierenden Diskussionen kam; selber hielt ich ein Referat zur Mensch-Natur-Beziehung bei indigenen Völkern, wo ich mich bemühte, die sozialen Beziehungen mit den physikalischen Konzepten der potentiellen und kinetischen Energie zu erläutern; dabei lernte ich interessante Menschen kennen.

Dieses heterogene Leben ist mir eine wunderbare Textura!

31.10.

Wenn ich im Umkreis der Universität bin, befinde ich mich in einer eher bürgerlichen Gegend, wo die Hunde ihre Herrchen und Frauchen Gassi führen. So sieht es jedenfalls aus, da die Hunde ein vitaleres Interesse an den Gegebenheiten des Weges haben und bestimmen, wo sie hin gehen, wann sie stehenbleiben, und ihre Bezugsperson an der Leine ziehen. In der Peripherie, den Siedlungen außerhalb des Zentrums, sehe ich so etwas nicht, dafür freilaufende Hunde auf der Straße, was ich wiederum auch nicht übermäßig mag. Aber auch die Menschen machen einen freieren Eindruck. Es ist eine ganz andere Welt. Immer wieder, wenn ich mich der Peripherie nähere und es durch die verarmten Straßen, die Massen an dicht aneinander gebauten Häuschen geht, gibt es für mich auch etwas bezaubernd Schönes, was ich nicht erklären kann und was mich aufatmen lässt.

Beim Blockflötenunterricht im Heim *Lar Efrata* lerne ich zunehmend, wie unterschiedlich jedes Kind lernt; dadurch wird es immer besser. Auch Querflöte unterrichte ich in Anfängen, und ich gestaltete zum zweiten Mal ein Inputreferat mit Gesprächsrunde zur Befreiungstheologie. Daran beteiligen sich ganz unterschiedliche Leute; so hat eine Person Sozialwissenschaften studiert, eine andere ist aus einer Favela und partizipiert aktiv bei einer Pfingstkirche. Ein anderer stammt ebenfalls aus der Peripherie und hat Geschichte studiert. Auch "einfache" Leute sind hier oft klüger im Durchschauen von Machtstrukturen, als ich es von Deutschland kenne.

Viele Leute in Embu Guaçu rauchen Marihuana, und oft trinken sie dazu Bier. Hierfür setzen sie sich gern an eine ruhige Stelle am Eisenbahngleis. Andere treffen sich auf der Straße oder in einer überdachten Bushaltestelle. Das ist eine Art alternativer Kultur, in der sich viel an Gemeinschaft abspielt. Aufgrund der Armut führen die legalen und die illegalen Drogen aber auch zu Sucht und Kriminalität. Dadurch gerät die ganze Volkskultur zu Unrecht in das Stigma, kriminell zu sein. Manche Leute, besonders bei Kreisen, die sich für besonders rein halten, sagen, es sei gefährlich, auf das Gleis zu gehen, weil dort Leute sitzen, die Marihuana rauchen. Dabei sind sie gar nicht gefährlich – so meine Intuition, sobald ich mit den Menschen in Kontakt trete.

In der Favela von Monte Azul und in Embu Guaçu sehe ich immer wieder Massen an Kindern und Jugendlichen, die auf der Straße Ball und anderes spielen, eine Lebendigkeit, die ich in bürgerlichen oder reicheren Stadtteilen kaum wahrnehme.

18.11.

Eine Gambiarra der sozialen Gerechtigkeit

Zum vierten Male haben wir uns schon getroffen, um eine Gesprächs- und Lernrunde durchzuführen zum Thema der Befreiungstheologie, wobei ich jedes Mal das Thema vorbereitete. Das nächste Mal will ich etwas zum Thema der Arbeit sagen: was bedeutet Arbeit des Menschen und Arbeit der Natur?

Es gibt in Brasilien das Wort "Gambiarra", was soviel bedeutet wie improvisierte Reparatur, deren es bedarf, wenn die eigentlich dafür vorgesehenen Materialien fehlen. Ich habe selber schon Gambiarras gemacht; in einem Häuschen der nahegelegenen Favela, wo ich das Wort lernte, sehe ich sie des Öfteren verwirklicht.

Meine Querflötenschülerin ist an zwei Tagen der Woche in Aramitan angestellt um zu putzen. Da sie aus einer sehr armen Familie kommt, braucht sie das Geld. Ich unterrichtete sie während ihrer Arbeitszeit. Als wir sie auch zur Gesprächsrunde einluden, ebenfalls während der Arbeitszeit, hatte sie schlechtes Gewissen. Da säuberte ich einen Teil des Hauses, um ihr einen Teil der Arbeit abzunehmen, und verwirklichte eine Gambiarra der sozialen Gerechtigkeit.

Demnächst werde ich mit Schülern der Musikschule von Monte Azul ein Vivaldi-Konzert spielen. Es ist das erste Mal in meinem Leben, dass ich ein Konzert mit Orchester spiele. Wenn es dabei nur um Musik ginge, wäre ich hier der 'einäugige König'.

2.12.

Am vergangenen Sonntag führten wir nun mit der Camerata Monte Azul, dem Orchester mit Jugendlichen, die an der dortigen Musikschule gelernt haben, das Konzert im Lar Efrata auf. Es waren alle Kinder und auch die Erwachsenen der zwei Familien, die sich um die Kinder kümmern, zugegen. Hier entsteht eine Art familiäre Beziehung, zumal die Musiker des Orchesters zusammen mit mir das Lar Efrata vor einigen Monaten besucht und wenige Tage später die Kinder und einige der Erwachsenen dem Konzert dieses Orchesters in Aramitan zugehört hatten. Ich spielte das Vivaldi-Konzert, und wir spielten auf meine Anregung hin auch Chorinhos, echte brasilianische Musik. Mein Hintergedanke ist, dass die "Entwicklungshilfe" nicht die Tendenz verstärken sollte, dass es "hier unten" nichts Gutes gebe und alles Gute aus Europa komme, wo doch dieser Gegensatz gerade durch jahrhundertelange Ausbeutung erzeugt worden ist. Selbst Bach wird sich bei der Kaffeekantate nicht bewusst gewesen sein, dass der Kaffee Produkt von Sklavenarbeit und der Umwandlung natürlicher Wälder in Plantagen war. In diesem Sinne ist die Pflege der wunderbaren hiesigen Musik der Kolonisierung entgegengesetzt.

Beim Konzert hörten auch die Kinder, denen ich Flötenunterricht gebe, zu. Bei einem, der nicht viel lernen zu können schien, fiel mir wiederholt auf, dass er, wenn ich etwas mit der Blockflöte vormache, nach einer Andeutung eines Versuches sofort die Flöte lächelnd niederlegte und sagte "Kann ich nicht!" Mit Geduld zeigte ich ihm etwas Einfacheres, und das schaffte er dann tatsächlich und zeigte große Freude daran. Ich kenne seine Geschichte nicht, aber daran merke ich, dass ein Mensch, der von vornherein das Gefühl hat, etwas nicht zu können oder dass es keinen Sinn habe, mit Hilfe eines anderen Menschen eine neue Erfahrung machen kann. Dies müsste wohl das sein, was der Psychologe Wygotski "Zone der nächsten Entwicklung" nennt.

Dezember 2017

Besuch im hohen Norden

Einen Monat lang weilte ich im plötzlich dunklen Deutschland, wo im Gegensatz zu Brasilien der Dezember der lichtärmste Monat ist. Auf dem Hinflug hatte ich einen Zwischenstopp in Casablanca, Marokko, gehabt. Dort war mir eine zu kurze Umsteigezeit eingeplant worden, so dass ich den Anschlussflug nicht erreichen konnte. Vermutlich ist das Beschäftigungstherapie für das Unternehmen. Sie gaben mir eine neue Verbindung, jetzt über Lissabon nach Berlin. Für die Strecke von Casablanca bis Lissabon erhielt ich aufgrund höchst großzügiger Kulanz (zwar nicht durch den König persönlich, aber durch die "königliche" marokkanische Fluggesellschaft) einen Platz in der ersten Klasse, *business class*, zugewiesen. In dieser Position sollte ich mich eine Stunde lang, bei strahlendem Sonnenschein fliegend über dem Atlantik westlich von der

Straße von Gibraltar, dem Eingang ins alte Mittelmeer, wie einer unter den Königen und Fürsten dieser Welt fühlen. Wir waren wenige Leute, die meisten edel, adelig gekleidet, einer auch besonders cool und sportlich, die sich die generöse Bedienung mit erhabener Souveränität gefallen ließen. Ich hatte mehr Platz für die Beine als gewöhnlich; auf das kleine herausgezogene Tischchen am Sitzplatz wurde eine weiße Tischdecke gelegt (ein Privileg, das ich im Flugzeug noch nicht erlebt hatte); und eine Stewardess bot uns bereits vor dem Start den allerschönsten Apfelsinensaft an. Während des Fluges gab es ständig etwas zu essen, zudem so viel Rotwein und Weißwein wie wir wollten, auch Champagner. Ich kam berauscht am Rande Europas an, von wo einst die Kolonisierung der afrikanischen Westküste und der vorgelagerten Inseln und dann Brasiliens ausgegangen war. Mit dem Anschlussflug ging es dann ins winterliche Europa hinein...

2018

8.1.

Nun bin ich seit wenigen Tagen wieder in Brasilien, eine kurze Zeit, die mir schon lang erscheint. Ich habe Kindern in Embu Guaçu mit aus Deutschland mitgebrachten Blockflöten in sehr einfachen und einladenden Verhältnissen Unterricht gegeben, außerdem den brasilianischen Tanz Forró getanzt und ein paar Stunden lang in einer Gruppe in São Paulo mit der Flöte Choro gespielt.

Als ich in São Paulo ankam, war es warm und sonnig. Heute regnet es den ganzen Tag in Strömen, was eigentlich für diese Gegend typisch ist.

Und ich habe erfahren, dass der Professor, bei dem ich an der Methodistischen Universität in São Paulo die Forschung mache, im

Dezember – zusammen mit seiner Frau, die ebenfalls hier arbeitete, und einer ganzen Reihe anderer Professoren – entlassen worden ist. Dies soll finanzielle Gründe haben aber auch politische. Die Universitätsleitung will sich der Menschen, die selber denken, entledigen. In Zeiten ohne direkte Repression ist das eine der Methoden, die Befreiungstheologie zu bekämpfen.

16.1.

Heute lernte ich Menschen kirchlicher Basisgemeinden kennen. Schon längere Zeit hatte ich mich dafür interessiert und schon daran gezweifelt, ob es diese Gemeinden nicht nur theoretisch, sondern auch wirklich gibt. Auf eine Anfrage von mir hin setzte mich jemand mit einer Aktivistin in Kontakt, und die lud mich sofort ein, ihre Praxis kennenzulernen. Zuerst musste ich mit Bussen hinfahren. Diese Gegend, wo ich das Studienprojekt durchführe, liegt südlich von São Paulo, erweckt aber den Schein, als ob sie Teil derselben Stadt wäre. Dieser Süden besteht aus sieben zusammengewachsenen Städten und nennt sich ABC. Es ist eine riesige verstädterte Landschaft. Ich fand den Weg mit den Bussen gut, habe mich in der letzten Zeit immer besser in dem Labyrinth zurechtzufinden gelernt. – Neulich probierte ich einen ganz neuen Weg aus, um von Aramitan zu Universität zu kommen, und es gelang mir; ich habe das Gefühl, mich ganz tief zu verändern, wenn ich einen neuen Weg gehe. – Aber jetzt fuhr ich einen Weg, der mir erklärt worden war, und ich wurde von einer älteren Frau und einem älteren Mann empfangen, die beide Aktivisten in unterschiedlichen Stadtvierteln sind.

Sie nahmen mich mit Interesse und gastfreundlich auf, obwohl sie mich nie zuvor kennengelernt hatten, fuhren mit mir mit einem Zug und einem weiteren Bus zu dem Gebiet der Basisgemeinden, wo die Frau tätig ist. Er wohnt in einer anderen Gegend, war seit Jahrzehnten bei Arbeiterprotesten aktiv beteiligt und macht auch heute, da er 75 Jahre alt ist, bei einer Arbeiter- und Arbeitslosenpastoral mit. Er erwähnte gleich die Verbindung zwischen Basisgemeinden und Befreiungstheologie, dass es um die Transformation der sozialen Realität gehe, und dass viele Leute, die nur vom Seelenheil reden, zu solcher Praxis keine Lust haben. Das Gebiet, in das wir nun kamen, ist sehr verarmt; viele Leute sind arbeitslos, d.h. wörtlich "nicht angestellt" (desempregados); es ist eine Favela mit z.T. notdürftig gebauten Häusern an Bergabhängen, wo die Menschen bei starken Regenfällen gefährdet sind. Zuerst gab es hier nur Holzhütten, heute bestehen die meisten Behausungen aus Stein. Wenn die Leute nichts zu wohnen haben, bauen sie eben irgendwo hier, wo alles noch vor kurzem bewaldet war, sagten meine Begleiter. In einem Haus, bei dem wir ankamen, seien alle arbeitslos, erzählten sie. Und viele haben Hunger. Wir kommen nicht nur mit dem Wort Gottes, sagten sie, sondern mit Bohnen, Reis, Kleidung. Sie organisiert regelmäßig die Beschaffung von Lebensmitteln. Es fehle an allem, meinte jemand, wo wir zu Besuch waren. Z.B. an Medikamenten. Die Aktivisten erklärte mir, dass sich hier ein Gesundheitsposten befindet, es aber keine Medikamente gebe, so dass deshalb manche Leute stundenlang in die Stadt São Paulo hineinfahren müssen. Einmal kamen wir an einer Müllfrau am Straßenrand vorüber, die sorgfältig die verschiedenen Müllarten sortierte. Sie sagte lächelnd, das sei eine schöne Arbeit. Ich hörte aber von den andern, dass sie extrem wenig verdient. Wir besuchten mehrere Familien in ihren sehr armen aber sehr einladenden Hütten. Die Leute freuten sich riesig und waren aufgeschlossen, und später äußerten meine Begleiter, dass sie selber eigentlich die Beschenkten seien, wenn sie zu den Leuten gehen, die Zuwendung brauchen. Wir gingen in eine Kapelle zu einem improvisierten Gebet. Da meinte sie, Jesus im Bilde gleichsam ansprechend, dass er bitte nicht im Kirchengebäude bleiben solle, sondern mit uns hinausgehe. Danach sagten wir zusammen, dass die eigentliche Kirche zwischen den Menschen geschieht, wie eben gerade bei den Familien, die wir besucht hatten.

Es ist eine eigentümliche Mischung von traditioneller Frömmigkeit und etwas ganz Neuem.

Am Ende lud sie uns zu einem kleinen Imbiss bei sich zu Hause ein.

Er will mich bald zu einem regelmäßig stattfindenden Frühstückskaffee auf der Straße einladen, das mit anstellungslosen Arbeitern – unter politischen Themen und Infragestellungen – stattfindet.

Den Tag über waren wir bei drückender Hitze unter der im Zenit stehenden Sonne auf dem Weg gewesen; am Abend zogen sich die Wolken zusammen, und es begannen Gewitter und gießender Regen.

17.-19.1.

Die darauffolgenden Tage fuhr ich in den Nationalpark von Itatiaia, um dort zu wandern, wo ich vor einem Jahr schon einmal gewesen war. Damals hatte mich ein Freund mit dem Auto zum Berg gebracht, aber dieses Mal versuchte ich es allein. Mit verschiedenen Bussen und Taxis schaffte ich es. Am Fuße des Berges übernachtete ich in einer kleinen Unterkunft. Am anderen Tage stand ich sehr früh auf, trank einen Schluck Wasser und ging los. Zuerst konnte ich es nicht vermeiden, sieben Kilometer auf eine Autostraße zu gehen, die leicht bergauf geht, voller Kurven ist, und wo Massen an dicken Lastkraftwagen um die Wette fuhren. Dann stieß ich auf einen schönen Weg. Auf diesem wanderte ich fünf Stunden lang bergauf und gelangte auf ein Hochplateau, das über 2000m hoch liegt. Von da aus näherte ich mich einem der Gipfel und blieb dann in einer kleinen Hütte. Dort konnte ich mich den Rest des Tages ausruhen und lesen. Diesmal hatte ich nur eine sehr dürftige Auswahl an Essen mit: Brot, Butter und Käse. Es war immer derselbe Käse. Das hat mir am Ende nicht gutgetan. Ich ging sehr zeitig schlafen, weil ich am anderen Tage zeitig starten, ein Stück aufsteigen und mich dem Gipfel nähern wollte, um dann den ganzen Weg nach unten zu wandern, wo ich noch nicht genau wusste, wie ich einen Bus nach São Paulo finden könnte. Ich schlief aber nicht gut; irgendetwas im Bauch rumorte. Und in der Nacht um halb zwei musste ich aufs Klo und hatte sehr starken Durchfall. Von da an ging ich alle ein bis anderthalb Stunden auf die Toilette. Ich hatte keine Medikamente mit. Früh um sechs Uhr, als es eben hell wurde, trank ich Wasser und ging los, um ein Stück bergauf zu wandern; ich wollte probieren, ob es trotz allem ginge. Und wie durch ein Wunder war der Durchfall weg. Mir wehte eiskalter Wind entgegen. Der Weg war sehr steil und erforderte etwas Kletterei; ich ging so weit es für mich ohne Gefahr möglich war und kehrte um. Dann wanderte ich stundenlang bergab, trank Wasser und hütete mich vor dem Essen, den Käse hatte ich erstmal satt. Nach der baumlosen Hochebene kam ich wieder in Wälder. Und ich dachte mir, eine gute Tätigkeit wie das Wandern bedeutet Energie zu verausgaben, aber zugleich ist es Arbeit im physikalischen Sinne, d.h. derselbe Prozess reproduziert Körper und Geist, ist heilsam; während ich durch den Wald gehe, reproduziere ich mich zusammen mit der Reproduktion der Natur. Vermutlich war deshalb der Durchfall weggegangen. An der Straße angekommen aß ich ein typisch brasilianisches Essen aus Bohnen, Reis und Gemüse, auch mit scharfen Zutaten, was mir alles guttat und schmeckte.

Nach vielem Suchen und Fragen erfuhr ich, wie ich zurückfahren konnte. Mit einem Taxi gelangte ich zur nächsten Kleinstadt, und von dort aus fuhr ich mit mehreren Bussen bis São Paulo. In diesen kleinen Ortschaften war es drückend heiß, es bewölkte sich, die Luft wurde tropisch schwül, und es begannen wieder die Regenfälle. Wie ich dann Busse ohne Klimaanlage und mit offenen Fenstern liebe!

Wieder erlebte ich, dass es manche Dinge gibt, die ich nicht aus dem Internet, sondern nur durch direkte Erfahrungen und durch die Leute vor Ort erfahre, diesmal wie ich ohne eigenes Auto in die Berge und wieder zurück finde. Nach etlichen Umwegen und Fehlern weiß ich es jetzt und freue mich schon auf die nächste Wanderung.

20.1.

Gleich am nächsten Tag war ich zu einer großen Feier einer Familie eingeladen, die zu den Basisgemeinden gehörte, welche ich vor wenigen Tagen kennengelernt hatte. Die Gesellschaft war eine seltsame Mischung aus Menschen mit sozialem Engagement, sozialer Bewegung und brasilianischem Volkskatholizismus.

Bereits in Europa ist der Katholizismus eine Mischung aus seit dem 10. Jahrhundert kolonial und oft mit Gewalt eingeführtem Christentum (in Polen, Ungarn, in den darauffolgenden Jahrhunderten Skandinavien, ab dem 8. Jahrhundert schon durch das karolingische Imperium), d.h. einer Religion "von oben", bei weiter überlebenden heidnischen Glaubens- und Ausdruckformen. Vergleichbares ging in Lateinamerika nach der Eroberung vor sich; das zusammen mit dem Schwert gebrachte Christentum vermischte sich mit indianischen und afrikanischen Elementen. Oft versteckten Afrikaner und ihre Nachkommen ihre Verbundenheit mit Orixas hinter katholischen Heiligen.

Es war diesmal eine Feier des heiligen Sebastian und zugleich der drei Könige. Die Familie feiert dies schon seit 150 Jahren über Generationen hinweg jedes Jahr. Immer sind auch Freunde eingeladen. Wir trafen uns in einem Haus dieser Familie, gingen dann zu vier verschiedenen Familien in der Nachbarschaft und kehrten wieder zum Ausgangspunkt zurück. Bei jeder dieser Familien wurde in etwa dasselbe Ritual durchgeführt. Man sang Lieder, die einfach und eindringlich klangen, und die von Gitarren, anderen Saiteninstrumenten und Rhythmusinstrumenten begleitet wurden. Dazwischen wurden Gebete gesprochen, und manchmal redeten Personen derjenigen Familie, die den Besuch empfing. Dazu gesellten sich drei als die Könige verkleidete Männer. Ab und zu wurden Heiligenbilder herumgereicht, damit alle sie küssten. In jeder der Familien dauerte es eine Stunde lang. Auf der Straße wurden jeweils Rituale angeleitet und durchgeführt, indem wir im Gänsemarsch in bestimmten Kreisen und sich verändernden Formen gingen und dazu der eintönige Singsang gesungen wurde. Vom ersten Moment an, als die Lieder begannen, gingen sie mir unter die Haut. Am Ende kehrten wir zum Ausgangspunkt zurück, wo eine Art Altar mit vielen Bildern und Symbolen bereitet worden war. Dort ging es weiter mit den endlosen Liedern, dazwischen manchmal Gebeten. Schließlich wurde noch der gesamte Rosenkranz gebetet. Dazwischen war viel Zeit, mit verschiedenen Leuten zu reden, die meistens aus der näheren Umgebung kamen. Diese Wärme erfüllte mich angenehm nach der extremen Einsamkeit des Berges. Ich war gegen Nachmittag um 15.00 Uhr angekommen, und als die Rituale zuende waren, ging es auf Mitternacht zu. Jetzt gab es zu essen und zu trinken, und der Abend klang langsam aus.

2.2.

Den vergangenen Samstag begann ich wieder einmal mit Lektüren. Dann spielte ich in einer offenen Gruppe in São Paulo Chorinho-Musik mit. Dabei musste ich mich noch einmal sehr konzentrieren. Es waren diesmal Freunde von mir dabei. Sie luden mich ein, zu Karneval-Umzügen mitzukommen. Die hatte ich noch nie richtig gesehen. Nach der vielen Konzentration genoss ich es, am helllichten Tage Bier zu trinken und in der warmen Sonne durch das Zentrum São Paulos zu laufen.

Am Abend desselben Tages nahm ich in Embu Guaçu an einer Zeremonie der afrikanisch-brasilianischen Religion Candomblé teil. Im selben Gelände führte ich am nächsten Tag die Analyse der Wasserqualität durch, eine regelmäßige Tätigkeit der Vereinigung Aramitan im Auftrag der größeren Umweltorganisation "SOS Mata Atlântica". Auch gab ich Querflötenunterricht und einigen Kindern in der Nähe Blockflötenunterricht. Als ich eine Woche zuvor beim kurzen Blockflötenunterricht mit zwei Jungen meine Handschriftnotiz mit Noten eines Liedes verwendete, um die Melodie nachzulesen, waren sie sehr neugierig, was für eine Schrift das sei. Diesmal erklärte ich einem von ihnen die Namen der Töne und zeigte ihm die Notenschrift, zeichnete die fünf Linien und ordnete die

Töne mit Namen den Punkten abwechselnd auf und zwischen den Linien zu, da nahm er mir den Stift aus der Hand und ergänzte die Punkte richtig und war begeistert, das zu verstehen. Wie ein Kind ein Bedürfnis hat nach Sprache und danach, Zusammenhänge zu begreifen. Nach Wygotski geht die Sprache, die sozial ist, bei der kindlichen Entwicklung allmählich ins Innere, und zugleich wird das Denken, das zuerst individuell ist, sozial.

6.2.

Gestern begab ich mich zu einem jeden ersten Montag eines Monats stattfindenden Frühstück mit und für Arbeiter ohne Anstellung (trabalhadores desempregados) auf einem Kirchplatz der Stadt Santo André, die mit São Paulo zusammengewachsen ist. Das ist eine seit Ende 1999 stattfindende christliche, soziale und politische Initiative kirchlicher Basisgemeinden. Der 75jährige Aktivist hatte mich eingeladen. Im Gespräch mit einer ebenfalls etwas älteren Frau erzählte er, dass sie beide schon seit 50 oder 60 Jahren in solchen Arbeiten aktiv sind, denn die Jugend sei unruhig, aber sie sind unruhig geblieben. Es gab einfaches Essen mit belegten Brötchen, zu süßem Kaffee (wie immer in Brasilien, aber hier kommt schließlich der Zucker her!), es wurden immer wieder Reden gehalten, und eine Band spielte Volksmusik aus dem brasilianischen Inland.

Auf dem Platz sah ich einen Mann, der einen riesigen vollbepackten Leiterwagen hinter sich her zog. Wie mir jemand erklärte, hat er alles darin, was er zum wohnen braucht, denn er kann keine Wohnung bezahlen.

Früher hätten auf diesem Platz viele Obdachlose geschlafen und sich ebenfalls an diesem Frühstück beteiligt. Aber die Polizei mochte sie nicht und vertrieb sie irgendwann, auch wollte die Polizei schon die Frühstücksinitiative verbieten.

Es waren einige sehr arme Leute beim Frühstück. Der mich eingeladen hatte, meinte, so müsste die Wirtschaft immer funktionieren, nämlich dass diejenigen, die haben, denen etwas geben, die es nicht haben aber brauchen. Dieses Frühstück bringt viele Menschen zusammen und stellt Gemeinschaft her.

10.2.

Die vergangenen Tage verbrachte ich in *Boa Vista*, einem indigenen Dorf, einer "Aldeia" der Guarani-Mbya. Ich war einer von drei Einladungen gefolgt, die ich bei einem Treffen indigener Völker vor ein paar Monaten in São Paulo erhalten hatte. Der Freund lud mich ein, in seinem Haus zu wohnen. Das Dorf ist etwas abgelegen, ganz in der Nähe des Meeres, aber gut mit einem Bus erreichbar; dann ist ein Stück noch zu Fuß zu gehen. Ich verbrachte einige Tage dort, wo er mit seiner Frau und drei Kindern wohnt. Es war nicht nur erholsam, sondern auch anstrengend; denn ich musste auf mancherlei gewohnte Bequemlichkeiten verzichten, wurde von Insekten zerstochen, irgendwelchen winzigen Mücken, welche mir Teile des Beines oder des Armes oder der Hand anschwellen ließen. Zum Glück gaben sie mir zum Schlafen in der Nacht eine Matratze mit Moskitonetz. Es ist eine kleine Siedlung mit Häusern mehrerer Familien. Etwa in der Mitte steht ein Gebetshaus. Der Freund, der mich einlud, meinte dass sie, die Guarani, die einzigen seien, die trotz Kontakt mit "dem weißen Mann" ihre eigene Kultur erhalten haben, ihre eigene Sprache sprechen und eigene Bräuche pflegen.

Sie alle sind zweisprachig, und sie haben jeweils zwei Namen, einen portugiesischen und einen in Guarani.

An einem Tag nahmen sie mich mit zu einem Strand, an eine Stelle mit wenig Touristen, wo wir einige Zeit verbrachten, schwammen, und die Kinder spielten. Dabei kommt mir in den Sinn, dass die Guarani seit den Jahrzehnten vor der Kolonisierung durch die Europäer, als innerhalb der eigenen Gesellschaft es zu Machtungleichheiten gekommen war, die Vorstellung vom "Land ohne Übel" entwickelt hatten, zu dem sie hinwandern müssten. Es waren Propheten aufgetreten, welche mit Tausenden Anhängern loszogen, einige nach Westen, die tatsächlich in Peru ankamen, die meisten nach Osten, wo sie bis zur Atlantikküste gelangten und dort meinten, den Ozean überqueren zu müssen, weil sich am anderen Ende das Land ohne Übel befände. In der Zeit der Kolonisierung wurde diese Vorstellung zu einem Protest gegen die koloniale Herrschaft und die Dominanz der Europäer über das Land umgedeutet. Diese Assoziation gibt es bis heute. Bis heute kommt es zu schrecklichen Konflikten mit Großgrundbesitzern. Es gibt sogar Guarani und Kaiowa, die sich das Leben nehmen, um ins Land ohne Übel zu gelangen.

Hier geht es ihnen ganz gut; ihr Land ist anerkannt; sie lassen nicht jede Person hinein, sondern nur mit Einladung.

In den Tagen lernte ich einige Wörter in Guarani, die mir aber schwer im Gedächtnis bleiben. Am Abend kam ich mit ins Gebetshaus, wo eine Zeitlang zwei Personen mit Gitarre und Geige eine sehr lange und eintönige, eindringliche, wie aus dem Urgrund kommende Musik machten, die mir vorkam, als ob sie damit sagen wollten, dass das Leben ewig ist und weitergeht trotz allem, was an Morden und Zerstörung ihnen seit 500 Jahren angetan wurde. Dann saßen wir in einer Runde um ein Feuer; einige rauchten lange Tabackspfeifen; es wurde Mate herumgereicht: in einem Becher ist ein getrocknetes Kraut, das aus dem Mate-Stauch stammt, und bei jedem neuen Weiterreichen wird heißes Wasser zugegossen und einmal ganz ausgetrunken (seit mir eine Argentinierin sagte: "das ist nicht Tee, sondern Mate", sage ich nicht mehr "Mate-Tee"); und mit Gesprächen, an denen ich nur dann teilnahm, wenn wir mal ins Portugiesische wechselten, aber umso mehr Guarani hörte .

20.2.

Die innere Sicherheit in Rio de Janeiro ist vor wenigen Tagen dem Militär unterstellt worden. Ähnliches soll auch São Paulo und anderen Gebieten drohen. Es gibt Meinungen, die befürchten, dass allmählich wieder eine Militärdiktatur eingeführt wird.

Vor kurzem ist der ehemalige Präsident "Lula" wegen Vorwürfen verurteilt worden, welche offenbar nicht bewiesen sind. Alles deutet darauf hin, dass damit die Möglichkeit seiner Wahl in diesem Jahr ausgeschlossen werden soll.

Auf die Verurteilung von Lula "folgt der große Ausverkauf brasilianischer Bodenschätze."[1] Genau das wird die treibende Kraft hinter der Zerstörung der Demokratie und der Rechte in Brasilien sein, nämlich dass einige internationale Akteure des globalen Nordens (Norden und Süden als soziale Begriffe aufgefasst), die Natur des Südens ausbeuten wollen, um daraus noch mehr vergegenständlichten Reichtum zu produzieren. Und Brasilien ist eines der Gebiete mit den größten Naturreichtümern der Welt.

Es gibt auch Menschen hier, die glauben, dass nur eine bewaffnete Revolution etwas an der Misere ändern könne.

11.4.

Manchmal wenn ich zu einem Chorinho-Abend gehe, singt eine Frau, und einer begleitet sie einfühlsam mit der Gitarre. Ich höre einfach nur, es ist eine bezaubernde Musik, ich habe keine Ahnung, wie sie heißt, zu was für eine Gattung sie gehören mag, von wann sie stammen könnte, von welchem Komponisten sie geschaffen wurde, sondern sie kommt wie aus einer unermesslichen Weite, aus einer namenlosen Welt. Später erfuhr ich, dass diese Lieder zu *Bossa Nova*, einer Musikströmung aus Brasilien, gehören. Diese Einordnung ist für mich eine Freude und eine Enttäuschung zugleich. So wie als Kind, als ich die Sterne betrachtete, die mich als Licht in der Nacht wie aus einer Unendlichkeit ansprachen. Später lernte ich zunehmend die Sternbilder, aber je mehr ich diese verstand, ging der Zauber zurück. Im Laufe der Sprachentwicklung lernt ein Kind in Begriffen zu denken. Begriffe im Sinne der Dia-

---

[1]https://amerika21.de/2018/01/194321/brasilien-erdoelversteigerung-presal

lektik bedeuten die Beziehung zwischen Einzelnem und Zusammenhang. Wie tief der Zusammenhang verstanden wird, ist dabei die Frage. Der Begriff *Hund* ermöglicht es, das einzelne Tier mit der Gesamtheit aller, die Hund genannt werden, zu assoziieren. Zugleich steckt darin die übergreifende Reflexion "Säugetier", "Tier" überhaupt, dann "Leben". Es gibt eine Hierarchie der Zusammenhangsebenen. So weit die Sprache – oder auch die Wissenschaft – reicht, reicht das dialektische Verstehen. Es ist die gesellschaftlich jeweils erreichbare, spezifisch menschliche, Dialektik. *Vor* der Sprache befand sich die Dialektik der Natur. Erst wenn die Reflexion des Zusammenhanges die ganze Weite des Kosmos oder Gottes erreicht, nähert sich die humane Dialektik wieder der Dialektik der Natur, und dann kommt der Zauber zurück.

Einen ganzen Tag wanderte ich in den Bergen, genauer gesagt auf einen Berg. Zunächst wohnte ich in einem einfachen Quartier am Fuße des Berges. Als ich früh um 6 Uhr aufbrechen wollte, war ich so müde, dass ich nach 20 Metern umkehrte, und machte einen "Faultag", wie wir früher in der Familie zu sagen pflegten, war aber nicht faul, sondern studierte den ganzen Tag lang Sprachen sowie soziologische, philosophische und anthropologische Texte, ein Genuss! Am darauffolgenden Tag startete ich wirklich früh um 6 Uhr und wanderte vom Quartier, das auf 1400m Höhe liegt, bis zu einem Gipfel, der über 2600m hoch ist. Ein großer Teil des Weges ist für Autos befahrbar. Ab und zu bot mir jemand an, mich mitzunehmen. Ich lehnte aber ab, obwohl der Weg lang war. Insgesamt war ich 11 Stunden unterwegs. Schließlich war ich zum Wandern unterwegs. Der Sinn der Arbeit ist nicht nur das Ergebnis oder das Ziel, sondern auch die Verausgabung der Kräfte selber, das ist lebendiges Leben.

In einer U-Bahnlinie in São Paulo höre ich regelmäßig die Durchsage, dass bettelnden Menschen bitte nichts gegeben werden solle. Dies erinnert mich an das Mittelalter, besser gesagt an das 16.

Jahrhundert in Europa, als sich das Privateigentum durchsetzte und Massen an Menschen besitzlos wurden und man begann, die Ausgeschlossenen auch noch dafür zu beschuldigen, dass sie arm waren. Auf den Straßen mitten in São Paulo sehe ich schlecht gekleidete Männer, die riesige Wagen mit Müll hinter sich her ziehen. Warum tun sie das in einem Zeitalter, wo es bereits Autos gibt, mit denen man den Müll wegtransportieren kann? Weil das für sie eine Einkommensquelle ist. Die Regierungen von Lula und Dilma Rousseff haben zwar nicht den Neoliberalismus, schon gar nicht den Kapitalismus abgeschafft, sondern nur an "Symptomen" gearbeitet, Sozialprogramme durchgeführt, die Situation der Menschenrechte in vielen Bereichen verbessert, aber das war besser als die Politik der jetzigen Regierung, die alle Reichtümer Brasiliens an große Unternehmen vermacht. Auch einem Bettler etwas zu geben, ändert scheinbar nur etwas an "Symptomen"; aber auf der anderen Seite bedeutet jede wirkliche Hinwendung zu armen oder unterdrückten und ausgeschlossenen Menschen eine Delegitimierung des Systems, das sie ausschließt, und den konkreten Menschen zu bejahen.

28.-30.4.

Knapp drei Tage verbrachte ich noch einmal im indianischen Dorf Boa Vista. Die Familie hatte mich eingeladen, nachdem ich den Vater letztes Jahr bei einem Treffen indigener Völker in São Paulo kennenlernte. Sie haben drei Kinder, von denen eines etwa ein Jahr alt ist und von der Mutter gestillt wird. Außer mir war ein Brasilianer zu Gast, der jeden Monat zu Besuch kommt und bei der Verbreitung ihrer Kultur hilft, indem er ein Projekt durchführt, ein Video mit Musik durch die jugendlichen Guarani zu erstellen. Sie führen auch manchmal für Gäste Musik auf, die aus Gesang mit einfacher Instrumentalbegleitung besteht. Für den Freund, der mich einlud, ist solche Art von Tourismus, wo er über die eigene Kultur erzählt, eine Einnahmequelle.

An beiden Abenden, die ich hier zubrachte, war ich mit ins Gebetshaus eingeladen, ich saß im dunklen Innenraum des traditionell gebauten Hauses, etwas erleuchtet durch schwache Birnen, die durch einen Wackelkontakt immer wieder ausgingen, bei rauchiger Luft, da ein Feuer brannte, auf dem Wasser für Mate und andere Getränke erhitzt wurde. Zwei Leute machten eine eintönige und eindringliche Musik mit einer Art Geige und einer Art Gitarre, ein Mann sang ab und zu dazu, am zweiten Tag schien er eine ältere Frau mit einem Ritual zu heilen; einige tanzten dazu in einem wiegenden Rhythmus von einem Bein auf das andere, unter ihnen eine Gruppe von Mädchen etwa zwischen 15 und 20 Jahren, die auch ab und zu mitsangen. Das Singen hat für mich mal etwas Animalisches, mal Göttliches, als ob darin die Geschichte der letzten Jahrtausende mitklänge. Der brasilianische Gast beteiligt sich beim Tanzen, er erschien mir manchmal fast wir ein Fremdkörper, ein grober Klotz im Ganzen. Das stört aber niemanden; außerdem rennen einige Kinder so schnell wie sie können durch den Raum und spielen.

Am mittleren Tag nahm mich die Familie mit ihrem klapprigen Auto, das fast nicht ansprang, an einen nahegelegenen Strand mit. Auf dem Rückweg fragte eine Frau den Mann der Familie, der sich an diesem Tag im Gesicht bemalt hatte, ob sie ihn fotografieren dürfe, sie würde auch eine Verneinung respektieren. Er erlaubte es, und voller Freude, Begeisterung wie ein Kind, einen "echten Indio" von nahem sehen zu können, fotografierte sie ihn von allen Seiten, von oben und unten, wie eine besonders originelle Giraffe oder einen Tiger im Zoo.

Auf der Rückfahrt betrachtete ich die großen Steinhäuser in der nahegelegenen Stadt am Strand, die den Nachkommen der Invasoren gehören und die Menschen einer hohen Kultur zur Zeit der Eroberung an den Rand gedrängt haben, die hier völlig unsichtbar sind und in armen, manchmal elenden kleinen Dörfern leben, der Natur als Lebensgrundlage beraubt und daher auf Almosen angewiesen sind. Aber sie kämpfen weiter um Land, Rechte und Anerkennung.

1.Mai

Am ersten Mai begab ich mich in eine Kirche, eine Hauptkirche in São Bernardo do Campo. Dort redeten mehrere Frauen nacheinander: von Resistenz, den Rechten der Arbeiter, von der Notwendigkeit zu kämpfen, vom Schöpfer und Jesus dem Sohn des lebendigen Gottes, von Jesus dem Arbeiter, sowie Joseph dem Arbeiter. Warum, frage ich mich, sprechen sie nicht von den Arbeitern als den Schöpfern? Dazu den vergessenen Frauen als Schöpferinnen, und schließlich der Natur als der großen Schöpferin? Der lebendigen Arbeit aller in Interaktion als der schöpferischen Natur, der Materie als Gott/Göttin?

Dann kam ein umgedeutetes Vaterunser: erlöse uns vom Bösen der Überfälle, des Kapitalismus, u.ä. Daraufhin klatschte die Gemeinde jedesmal. Später ertönten Rufe: "Lula livre!" (Lula frei), und es waren gleichlautende Plakate zu sehen. Zum Schluss hörte ich aber dann doch wieder die spezifisch melancholische Art von Liedern zum spirituellen Totschlagen.

Alle gingen hinaus, und draußen auf dem großen Kirchenvorplatz fand eine Demonstration statt. Einige Leute riefen mehrfach den schön gereimten Spruch "Lula livre / Lula inocente / Lula presidente" (freier Lula, unschuldiger Lula, Lula als President), wobei der Stil mich etwas an die Schafe im Roman "Farm der Tiere" von George Orwell erinnerte, welche "Vierbeiner gut, Zweibeiner schlecht!" schreien.

Verschiedene Personen redeten über Gerechtigkeit. Am Ende gab es Präsentationen afrobrasilianischer Kultur: *Capoeira* (auf afrikanische Sklaven zurückgehender Kampfsport, der zugleich Tanz und Musik ist) und *Maculelé* (rhythmische Trommelmusik und Tanz).

Am Nachmittag war ich in das Haus des 75jährigen unermüdlichen Aktivisten christlicher Basisgemeinden, den ich im Januar kennengelernt hatte, eingeladen. Er hatte früher lange Zeit im Mercedes-Werk gearbeitet, war dort in der Gewerkschaft sehr aktiv gewesen und hatte in einer Theatergruppe dieser Gewerkschaft gespielt. Nachdem nun einige Gäste eintrafen, gab ich eine Einführung in das *Faire Streiten*, eine Methode gewaltlosen Konfliktlösens, die ich vor Jahren im *Haus Kloppenburg*, einem Zentrum psychotherapeutischer und sozialer Arbeit in Münster, kennengelernt hatte. Die Idee, diese Einführung zu geben, war mir ein paar Wochen zuvor bei einem Treffen derselben Gruppen von Basisgemeinden im Rahmen der sog. *Kampagne der Brüderlichkeit* gekommen, wo viel von Frieden geredet wurde und etwas unbeholfen und unrealistisch davon die Rede war, dass man den anderen nicht böse sein dürfe und nicht beleidigt bleiben solle. Bei dieser Gruppe nun kam das faire Streiten gut an. Kaum hatte ich mit der Einführung begonnen, wurde die Stimmung lebhaft, den Beteiligten fielen viele Situationen ein, sie waren begeistert davon, konstruktive Lösungen zu finden, und sie erzählten auch von Situationen in Familie und Kirche, wo es kein faires Streiten gibt und die Leute stur aneinander vorbeileben. Einige ihrer Unstimmigkeiten konnten sie jetzt lösen.

Der Aktivist und ich spazierten am selben Nachmittag durch sein Stadtviertel; auf dem Wege begegneten wir einer alten Frau, die von Anfang an bei gemeinsamen Arbeiten des Baus dieses Stadtviertels aktiv dabei gewesen war. Sie erkannte ihn zuerst nicht, denn ihre Augen waren schlecht; sie erzählte, dass sie zwar nicht unscharf, aber alles ganz dunkel sehe. Später erwähnte ich dem Freund gegenüber, dass es doch eine Operation beim grauen Star gebe, aber er antwortete, solches sei bei ihnen unbekannt, und so etwas könne hier niemand bezahlen.

Später nahmen die Freunde mich mit zu einem Gebet in einer Familie mit vielen eingeladenen Gemeindefreunden, das von zwei Brüdern geleitet wurde, die im Mai jeden Tag solch ein Gebet durchführen und Kranke besuchen. Diese Gemeinde, auch eine Basisgemeinde, befindet sich in einer ehemaligen, das heißt, einer sogenannten *urbanisierten* Favela. Nach vielen Kämpfen gelang den Bewohnern dieser Schritt, der aus Bauarbeiten und offizieller Anerkennung als Stadtviertel besteht. Ein großer Teil der Arbeiten am Bau von Steinhäusern, wo zuvor Holzhütten standen, sowie Wegen bzw. Straßen, die nun aus Beton oder Stein bestehen, wurde von ihnen, den Bewohnern, in kollektiver Arbeit selber geleistet. Sie beteten an diesem Abend viele Ave Marias, einen ganzen Rosenkranz, womit ich persönlich nichts anfangen konnte. Aber ich lerne langsam nach[2], dass es sich hier nicht um Kadavergehorsam handelt, wie es der zynischen Mentalität einer teilnahmslosen europäischen Vernunft[3] erscheint, sondern in den armen und ausgegrenzten Schichten Lateinamerikas, auch bei Nachkommen indigener und afrikanischer Bevölkerung, *Maria* ein Symbol der Wertschätzung des historisch erniedrigten Lebens, des Volkes an der Basis, der Mütterlichkeit, der Göttlichkeit im Alltäglichen der Armut, sozusagen *Gottes von unten*, ist.

Die Gemeinschaft, die ich hier erlebte, ist von unglaublicher Herzlichkeit und sie luden mich ein wiederzukommen.

Der Aktivist meinte dann zu mir, dass viele Leute von Jesus reden und diesem die Erlösung überlassen wollen, wie dass es schwer sei zu lernen, dass wir Menschen die Geschichte selber konstruieren. Später in seiner Familie erzählten seine Kinder mir von einer durch den Präsidenten Lula gegründeten *Universidade de Intergração da América Latina* (Universität der Integration Lateinamerikas), die sich in der brasilianischen Stadt *Foz de Iguaçu* befindet, genau im Dreiländereck von Brasilien, Paraguay und Argentinien. Hierher kommen Studierende aus ganz Lateinamerika, es wird v.a. Portugiesisch und Spanisch gesprochen, auch Guarani (Sprache indigener Gruppen dieser drei Länder und anerkannte Landessprache in Paraguay), außerdem Französisch, weil viele Studierende aus Haiti kommen und hier eingeladen sind. Diese Universität wie auch Lula selber seien in hohem Grade Resultat der Kämpfe der Bevölkerung, denn die vielen Basisgemeinden seien

---

[2] durch die brasilianische Autorin Ivone Gebara
[3] So assoziiere ich nach dem Begriff der "teilnahmslosen Vernunft", wie Boaventura de Sousa Santos ihn verwendet.

maßgeblich am Aufstieg des *Partido dos Trabalhadores* (PT), der Partei der Arbeiter, deren Vorsitzender Lula war, beteiligt gewesen.

Auch das Stadtviertel, in dem der Aktivist, der mich einlud, mit seiner Familie wohnt, ist aus eigener Organisierung der Bevölkerung und langjähriger Arbeit an Konzepten und gemeinsamen Bauarbeiten hervorgegangen.

Das alles sind Beispiele, wo Menschen Geschichte machen.

6.5.

Am Sonntag fuhr ich noch einmal nach Embu Guaçu, zu Aramitan; ich hatte nur einige Stunden Zeit, weil ich Bewerbungen schreibe und Sachen für die Abreise packe. Kurz davor war ich zu einer großen Verkaufsausstellung der Landlosenbewegung gegangen; hier waren Menschen, die sich für eine Landreform einsetzen, eigene ökologische Produkte verkaufen und ihre politischen Forderungen öffentlich machen. Dort hatte ich eine Pflanze gekauft, die wenn sie groß wächst, ein typischer Baum des Urwaldes an der Atlantikküste wird; die pflanzte ich gleich ins Gelände von Aramitan.

Es ist die Intention dieser Mischung aus Praxis und Symbolik, der Abholzung entgegenzuwirken.

Gleich gab ich noch einmal den Kindern ohne Familie Blockflötenunterricht. Wie schade, damit aufzuhören; diese Kinder entwickeln sich im Laufe von Monaten, sie lernen allmählich, und es wächst eine Beziehung. Auch die ehrenamtliche Friseuse war zugegen und schnitt auch mir gleich die Haare. Wir aßen Früchte, die hier an Obstbäumen wachsen, und zum Schluss machten wir in Aramitan Musik: ich spielte Chorinhos, jemand schlug dazu auf der flachen Trommel, einige sangen. Das war ein Abschied, ein Abbruch. Aber wie der Anfang einer Epoche ist auch das Ende eine Transformation, Umwandlung des Lebens in andere Formen.

Juni, Deutschland

Nun tue ich alles Mögliche, um entweder eine Stelle zu finden oder Freiberufler zu werden, schreibe und verschicke Bewerbungen und formuliere meine Fähigkeiten usw. usf. Aber was ich am liebsten möchte und was mein Herz mir sagt, ist, das Projekt in Brasilien weiterzuführen. Dort brauchen mich Menschen wirklich und ich sie auch. Den Kindern, denen ich Blockflötenunterricht gebe, helfe ich mit, nicht in die Drogen- oder Kriminalitätsszene zu fallen. Den Querflötenunterricht mit einer Person aus einer Favela, mit dem ich begonnen habe, macht niemand weiter, wenn ich nicht da bin. Dazu kommen die vielen in den letzten Jahren gewachsenen kostbaren Kontakte zu mindestens vier Bereichen der Bevölkerung an der Basis: a) den Menschen in verarmten Stadtvierteln von Embu Guaçu, nahe der Vereinigung Aramitan, b) indigenen Völkern, c) afrobrasilianischen Gruppen des Candomblé und d) kirchlichen Basisgemeinden bei São Paulo; in all diesen Bereichen bin ich mit den Menschen verbunden. In Assoziation mit der Praxis des Begegnens und Lernens von diesen Menschen lockt mich zusätzlich die damit verknüpfte humanwissenschaftliche Forschung. Wenn es möglich ist, gehe ich zurück, bleibe dort ein paar Monate, ein Jahr oder den Rest meines Lebens.

Über tredition

EIN EIGENES BUCH VERÖFFENTLICHEN

tredition wurde 2006 in Hamburg gegründet. Seitdem hat tredition mehrere tausend Buchtitel veröffentlicht. Autoren veröffentlichen in wenigen leichten Schritten gedruckte Bücher, e-Books und audio-Books. tredition hat das Ziel, die beste und fairste Veröffentlichungsmöglichkeit für Autoren zu bieten.

tredition wurde mit der Erkenntnis gegründet, dass nur etwa jedes 200. bei Verlagen eingereichte Manuskript veröffentlicht wird. Dabei hat jedes Buch seinen Markt, also seine Leser. tredition sorgt dafür, dass für jedes Buch die Leserschaft auch erreicht wird.

Im einzigartigen Literatur-Netzwerk von tredition bieten zahlreiche Literatur-Partner (das sind Lektoren, Übersetzer, Hörbuchsprecher und Illustratoren) ihre Dienstleistung an, um Manuskripte zu verbessern oder die Vielfalt zu erhöhen. Autoren vereinbaren direkt mit den Literatur-Partnern die Konditionen ihrer Zusammenarbeit und partizipieren gemeinsam am Erfolg des Buches.

Das gesamte Verlagsprogramm von tredition ist bei allen stationären Buchhandlungen und Online-Buchhändlern wie z. B. Amazon erhältlich. e-Books stehen bei den führenden Online-Portalen (z. B. iBookstore von Apple oder Kindle von Amazon) zum Verkauf.

Jetzt ein Buch veröffentlichen: **www.tredition.de**

EINE BUCHREIHE ODER VERLAG GRÜNDEN

Seit 2009 bietet tredition sein Verlagskonzept auch als sogenanntes "White-Label" an. Das bedeutet, dass andere Personen oder Institutionen risikofrei und unkompliziert selbst zum Herausgeber von Büchern und Buchreihen unter eigener Marke werden können. tredition übernimmt dabei das komplette Herstellungs- und Distributionsrisiko.

Zahlreiche Zeitschriften-, Zeitungs- und Buchverlage, Universitäten, Forschungseinrichtungen, u.v.m. nutzen diese Dienstleistung von tredition, um unter eigener Marke ohne Risiko Bücher zu verlegen.

Alle Informationen im Internet: **www.tredition.de/Buchverlage**

tredition wurde mit mehreren Innovationspreisen ausgezeichnet, u. a. Webfuture Award und Innovationspreis der Buch-Digitale.

tredition ist Mitglied im Börsenverein des Deutschen Buchhandels.

Zeitfracht Medien GmbH
Ferdinand-Jühlke-Straße 7
99095 Erfurt, Deutschland
produktsicherheit@kolibri360.de